Chris Malta

OUSE MUDAR-SE

DIÁRIO DE COACHING

OUTONO

BELO HORIZONTE
2015

EDITORES
Gustavo Abreu e Cláudio V. C. Macedo

FICHA TÉCNICA

Produção Editorial
Editora Letramento

Projeto gráfico e diagramação
Marden Ribeiro

Capa
Marden Ribeiro

Revisão
Nathan Matos

Este livro foi editado respeitando as novas regras ortográficas.

M261o Malta, Christyano
Ouse mudar-se : outono - diário de coaching / Christyano Malta. -- Belo Horizonte, MG : Letramento, 2015.

232 p. : il color. ; 15,5 x 22,5 cm.

ISBN: 978-85-68275-18-4

1.Comportamento de ajuda.2. Relações humanas.3. Emoçoes.. 4.Autorrealização 5.Sucesso.6. Felicidade.I. Título. II. Título: outono - diário de coaching

CDD 158.2

Dados Internacionais de Catalogação na Publicação (CIP)
Bibliotecária Juliana Farias Motta CRB7- 5880

Editora
LETRAMENTO
www.letramento.com.br

impresso no Brasil
Printed in Brazil

Agradeço às pessoas que, de tão importantes para mim,
sabem que o mais importante é o que sinto por elas, intensa e
profundamente.

À minha saudosa e amada avó, Dona Edina, por me mostrar
com maestria o que era desapego, suas dores e consequências.

À ousadia, palavra que respeito tanto.

À Luz e à Paz, presentes nas pessoas
que me orientam e me fazem aprender.

"Intenção sem ação é ilusão. Ouse e o poder lhe será dado."

Carlos Drummond de Andrade

(Entre a gente...)

O Chris apareceu do nada na minha vida. Que bom que as redes sociais nos proporcionam isso! Conversamos pela internet. Descobrimos afinidades. Eu e meu jeito, com a sempre desculpa e resposta "vamos conversar e combinar", devem ter chamado a atenção dele pra "Ops, essa aí vive no outono. Precisamos melhorar isso."

No dicionário, além de uma das quatro estações do ano, outono quer dizer declínio, decadência, ruína... Pesado isso, né?! E era exatamente como eu me sentia sem Saber! Começamos uma amizade além das redes sociais (bem menos do que eu gostaria, mas ainda estou no processo para sair do outono).Encontros para conversas... Caminhada matinal cheia de sorrisos e broncas internas. Encontros de duas almas. Uma que buscava fazer a outra se encontrar.

A amizade se fortificou de tal forma que não sei explicar. Tem coisas que é melhor a gente não tentar entender. A gente recebe e pronto. Quanta honra tê-lo por perto, me incentivando a ter equilíbrio!

A natureza é nossa, mas o crescimento e fortalecimento dela está no adubo que NÓS colocamos ao longo do caminho...

Já reparou como vivemos num outono que não precisa ser nosso? Colocar a culpa nas situações é mais fácil do que tomar as rédeas. Parar pra pensar. Esvaziar a mente e focar. São atitudes que parecem simples. E são! Mas talvez seja a "simplicidade" mais difícil de se enxergar.

Então, se puder olhar, veja. E se puder ver, pare e enxergue. É possível sair do ponto de onde se está parado. Tudo pode mudar. Sempre pode. Isso depende de você enxergar e acreditar. Você só é vítima de si mesmo. E é exatamente isso, que o *Coach Master*, Christyano Malta, convida a ter: consciência, experimentar e ousar buscar mudança.

Que tal experimentar o presente que essas próximas páginas te oferecem? Cada um de nós temos capacidades. São particularidades que nos tornam únicos e falo isso não me referindo a nossa "digital". OUSE MUDAR-SE: OUTONO te oferece luz para buscar o autoconhecimento. Te desperta pra crescer de dentro pra fora. Aceite o "TAMO JUNTO" que o Chris propõe e aprenda em uma forma dinâmica o desafio apaixonante que é viver no "Agora".

Se permita ter a chance de entender que viemos a este mundo com o objetivo de crescer. Em todos os sentidos, físico e espiritual. Mas isso requer Consciência. Sabedoria pra entender que felicidade depende de ações, atitudes, sair da zona de desconforto. Coisas que não precisam pesar e consumir energia. Aprenda que pode e deve ser leve. Mas pra ter consciência disso você precisa ousar e dar o primeiro passo.

Virar essa página e arriscar a interagir com sua consciência. Viva a experiência e terá sabedoria. Aprender é tão incrível que nos faz evoluir. Avance mais uma página e aprenda que a mudança está primeiro no sentir... Ter vontade. Depois, no agir e consequentemente o resultado é o aprendizado!

Sabe quando mencionei "se puderes ver, enxerga?" Então, tenha as próximas páginas como um Manual para abrir a porta para uma mudança em você. Isso não exige força física ou técnica, mas ousadia. Aqui está um delicioso desafio. Um incentivo a movimentar-se em busca da mudança... Do crescimento... Da sabedoria!

OUSE MUDAR-SE: OUTONO te mostra de forma simples que mudar vale a pena!

Déborah Morato

O outono é mesmo sempre igual?

A importância do ensino é evidente. Ele é fundamental para a integração do indivíduo à sociedade. Primeiro, com o desenvolvimento da fala, seguido da alfabetização e do domínio da linguagem. Depois, o ensino é responsável pela preparação do jovem para os desafios do futuro, através de conhecimentos básicos e intermediários das competências que, mais tarde, serão necessárias à sua vida profissional.

Mas, de um modo geral, a educação tradicional sempre falhou em lidar com alunos de perfis diferentes. Como qualquer fórmula, ela foi desenvolvida para atender a maioria, e praticar um modelo. E os que não se enquadravam no modelo sempre se destacaram, normalmente, de modo incômodo.

É por isso que, hoje, escolas e especialistas reconhecem que a educação deveria também estar preparada para entender o aluno e suas particularidades. No fim, o método para transmitir o saber é apenas um entre vários possíveis. O que importa, no fim, é o conhecimento adquirido. O ensino só pode ser reconhecido se houver aprendizado.

Vamos, então, separar as palavras ensino e aprendizado. Existem formas diferentes de ensinar porque também não existe uma única maneira de aprender. E a que devemos recorrer quando o método tradicional não é o bastante? Quando escola, professores e pais não estão preparados para as perguntas, onde o aluno encontra suas respostas?

Ele pode, claro, buscar em livros, em outras instituições, com a ajuda de orientadores e mestres diferentes. Mas, antes desse esforço todo, não custa conferir: e se, ao invés do lado de fora, a resposta estiver do lado de dentro?

O mestre interior

Um dos aprendizados mais antigos é este: seu maior professor é você mesmo. Enquanto você não reconhece e honra o mestre que existe dentro de você, você não honra e não reconhece os mestres que estão fora de você.

Não é um caso de egoísmo ou narcisismo. Pelo contrário. Primeiro, porque exige humildade. É uma questão que passa essencialmente por aceitar-se, por entender e sentir sua própria presença, ter consciência de suas atitudes e das escolhas que são feitas por trás das ações que são tomadas. Segundo, porque diz muito de aprender a se encontrar. Quem se localiza pode desfazer a rota dos erros e ciclos repetidos, podendo, assim, finalmente, avançar.

Esse é um poder que precisa ser cultivado e cuidado para crescer. Sem o poder de conhecer e respeitar a si mesmo, não importa o nome do mestre escolhido – seja ele quem for: Jesus, Buda, Maomé, Suryavan Solar, Osho, Steve Jobs, etc. Sem a participação do mestre interno é balela professar as palavras de um mestre externo.

Para que algo mude, é importante haver um incômodo interno muito grande, quase um terremoto. Por que estou dizendo Isso? Porque eu cansei de ser o pior aluno da "minha" classe.

Isso mesmo, houve um momento em que eu perdia de goleada e estava a ponto de ser rebaixado no meu próprio campeonato. Eu dava aula para mim mesmo, e quase me dei bomba porque eu não conseguia passar nas perguntas das quais já sabia as respostas.

Repito: o maior mestre que pode haver para uma pessoa é ela mesma. Naquele momento, fazer como sempre fiz não estava funcionando, e eu não me aproximava nem um pouco do aprendizado que buscava. Como as formas habituais não estavam surtindo efeito, percebi que eu precisava me desafiar e aprender de alguma nova forma, porque como estava não era bom pra mim pois eu não aprendia, apenas repetia ciclos e erros.

É desse período, da minha juventude, que guardo o hábito que cultivo desde então: a prática de refletir. Sempre fui questionador, pensativo, querendo entender o mundo à minha volta. Foi quando resolvi me desafiar fazendo outras perguntas. E com elas cheguei à conclusão que eu precisava me entregar a novas reflexões, novos aprendizados.

Por esse motivo, escrevo desde meus 14 anos. E hoje, vivo e cresço com minhas palavras, frases, pelos textos que escrevo e os pensamentos que transmito para o papel. Meu tema favorito é a vida, o que significa dizer que minhas reflexões passeiam por um universo infinito.

Se as respostas não são conhecidas, ou não nos são dadas, vamos atrás delas. A reflexão é isso, uma busca por solucionar questões, as nossas e as do mundo que nos cerca.

Pensar é um excelente exercício. Como qualquer tipo de estudo, a reflexão também pode levar a diversos aprendizados. Sobre si, sobre as pessoas, sobre as coisas. Aprender é uma das coisas que eu mais amo, daí ser tão profunda minha relação com meus pensamentos.

Uma das coisas que sempre me fez pensar foi: por que ninguém nos ensina a pensar, refletir e estruturar nossos pensamentos? Por que não há aula de pensamento estruturado ou avaliação de desempenho de reflexão? Penso em tantas matérias que comecei a me dar aula sobre elas. Eu, um professor destreinado, ensinando. Há poucos meses, aprendi com um jovem dos que eu chamo "incríveis" sobre dados que eu não sabia. Pasme, pois noventa por cento do que ensinamos de fato aprendemos. Então, nada melhor que ensinar ou aprender ensinando. E qual cobaia que eu tinha? Uma que fala *bonjour* todas as manhãs, é apaixonada por mudanças, mas que sempre foi super argumentadora e de senso crítico. Sim, eu mesmo!

Continuando, eu aprendi muito pela dor. O sofrimento me fazia escrever. Sempre que sofria uma perda, escrevia muito. Término de namoro, mudança inesperada de planos, eu precisava trabalhar meu desapego, meu outono. Hoje, ainda escrevo muito por sofrimento, mas também escrevo por prazer.

O hábito de buscar dentro de mim mesmo o que eu não encontrava fora me trouxe inúmeros benefícios. Minhas reflexões me levaram a novos aprendizados. Boa parte por razões muito simples. Em alguns casos, mais que o encontrar, eu passei a perceber quando aquilo que eu buscava estava bem na minha frente, e que o antigo eu apenas não enxergava. Em outros, foi ainda mais fácil: bastava reconhecer que as coisas que eu buscava já estavam comigo o tempo todo. Interessante que o bem à minha frente não é real. É algo assim, dentro da gente, como logo atrás dos nossos olhos, na frente, mas não na fronte, onde fica nosso campo racional. E para acessar isso, usando a junção de cognitivo e emocional.

Mas, o principal conhecimento dessas reflexões talvez esteja em reconhecer quando é o momento de abrir mão de crenças antigas para que possam nascer convicções novas, atuais, mais fortes e mais completas. E é dessa impermanência que vem a figura do outono, outra das grandes inspirações deste livro.

Amo buscar estar consciente ao fazer as coisas. A busca cada vez maior por essa consciência, aliada à humildade do outono e à necessidade de contribuir com pessoas que podem sentir de alguma forma algo parecido com o que já senti, me faz escrever e, com toda humildade, pedir que reflita. Todo dia, se possível. Todo dia, se impossível. Desligue o botão das justificativas mentais. Acredite, eu conheço esse botão muito bem. Apenas faça, reflita. Com amor e compaixão para quem ainda não se convenceu: refletir vai te fazer bem, vai me fazer bem, vai fazer bem às pessoas próximas a você e também ao planeta. Reflita, você vai crescer.

Deixe suas folhas caírem

Nada dura eternamente, nada permanece. Isso explica a vida, as coisas, as ideias e as etapas do nosso próprio crescimento. Tudo começa, dura o tempo necessário e termina. E é no tempo em que as coisas permanecem que acontece o ciclo do aprendizado. Sem ele, as pessoas repetem empregos, repetem chefes, relações conflituosas e problemas indefinidamente, até aprenderem com os ciclos anteriores e quebrarem a corrente.

Se a impermanência é sobre quebrar uma cadeia de ciclos repetitivos, o outono é justamente a estação da quebra, da perda, do desapego. Esses conceitos são especialmente visíveis na natureza. Responsáveis pela fotossíntese, fundamental no crescimento e na sobrevivência das plantas, as folhas desempenham papel de destaque no ciclo da árvore. E talvez o mais importante seja, curiosamente, o papel de cair.

Pois quando o frio chegar, quando os dias de pouco sol vierem, as folhas serão importantes. Mas não da forma como estamos acostumados. Seu lugar não será nas alturas ou em copas exuberantes, mas no chão. É no solo que a folha se transformará em adubo e alimento, para enriquecer e proteger o solo e a árvore dessas folhas poder sobreviver ao inverno.

A folha velha sabe que não consegue mais fazer a fotossíntese como fazia. E tem tanta humildade e sabedoria de saber quando está fraca que permite-se cair em vez de se apegar à árvore. Ela não luta para ficar ali porque é "a mais velha, a mais sábia", ou para se destacar quando as novas nascerem. Não, ela sabe seu papel em um processo de decomposição, que vai fazer com que aquela mesma árvore e tudo que está em volta sobreviva graças a uma postura genuinamente humilde.

A árvore perde a proteção, perde a clorofila, e se prepara para congelar pelos próximos três meses. Mas ela sobrevive. Pois, para voltar a ser forte, ela precisa, primeiro, se fazer fraca, ser vulnerável.

Esse é o outono, na natureza e para todos nós. É a estação que mostra que nossas dificuldades e fraquezas são parte de um processo, são características. Assim como a árvore, para que sejamos fortes um dia, antes é preciso passar pelo momento de fraqueza. Uma decisão que exige, em muitos momentos, desapego e coragem.

Ousando escrever

Não existe um dia que eu não acorde com uma nova reflexão. E é isso que esse livro compartilha com o leitor. "Ouse mudar-se" é o resultado de dois desafios que impus a mim mesmo. Ou melhor, dois desafios aos quais submeti o meu ego.

O primeiro deles diz respeito às leituras que eu gostava. Sempre fui apaixonado por textos longos, por me aprofundar no conhecimento e mergulhar fundo em um conteúdo ou uma experiência nova. Passei eu mesmo, então, a escrever da mesma forma, sempre em muitos parágrafos. E a postá-los para minhas redes de contatos.

Foi quando algo me chamou atenção: textos curtos me permitiam ter mais interação com outras pessoas. A paciência é uma virtude, mas também é um bem escasso nesse planeta. Conteúdos maiores e profundos geravam grandes debates com um número reduzido de pessoas. Entretanto, quando os *posts* eram menores, eles acabavam gerando várias pequenas discussões com várias outras pessoas, incluindo novas pessoas. E a união de todos esses pequenos debates se transformavam em reflexões maiores e mais interessantes.

Este foi o primeiro desafio: comunicar-me com mais pessoas, de forma mais direta e mais rápida, fomentar novas e maiores discussões, que foram se somando e, por fim, construindo os próprios textos. As postagens de "Ouse mudar-se" foram se transformando com a participação coletiva, com dúvidas, comentários e ideias de leitores novos e antigos.

Para isso, era preciso reduzir, aumentar o poder de síntese e dizer o máximo escrevendo o mínimo. Isso levou a um outro benefício: se a reflexão é importante pelas respostas que são encontradas, tão importante é o papel das perguntas que nos levam a elas. Por essa razão, a mudança: em vez de aprofundar (no sentido de detalhar), mostrar um caminho, permitir ao leitor curtir a jornada de descobrir e acrescentar seus próprios pensamentos.

As discussões não são feitas do texto somente, mas dessas interações, dessas reflexões coletivas. Em última escala, as discussões são as verdadeiras reflexões.

Ousando compartilhar

O segundo desafio, ainda mais importante, diz respeito à autocrítica. Meu próprio nível de exigência foi, durante anos, responsável por eu não publicar meus textos. Para lançar este livro, era preciso audácia. Vencer meu próprio lado crítico, o medo do julgamento e abrir essas reflexões, tão pessoais, e compartilhá-las com as pessoas.

Meu outono nunca é igual. Passei e ainda passo por ele, sempre buscando aprender mais.

Esse livro, pra mim, representa um marco histórico: tirar meus pensamentos da gaveta da minha mente e perder o medo de ser julgado. O outono, em última instância, seria este tempo de abrir espaço para que o novo possa crescer. A sabedoria da velhice está em abrir espaço para o novo. Sinto que esse trabalho, o "Ouse mudar-se", tem muito disso. A capacidade de estar lá no topo dos meus pensamentos e textos, e me fazer substrato pra ajudar a vida de outras pessoas, levando-as a refletir e compartilhar suas sabedorias e experiências.

Outono não é só o mês em que as folhas caem. E qual folha cai primeiro? A mais antiga, a mais fraca, a mais baixa, aquela com maior alcance do sol? Nada disso faz diferença. O que importa é que todas elas vão cair, e isso é impermanência. Independente da ordem, todas elas se vão. É a vulnerabilidade o maior conceito deste processo. Aceitar que precisamos ficar fracos para poder desenvolver força. Procurar a força sabendo ser fraco.

Este livro é, além de tudo, uma vitória do feito sobre o perfeito. Perfeito não sou, não somos, jamais seremos, nós apenas buscamos melhorar sempre. É por isso que o *per feito* pode ser lido como *por fazer*: não é um fim em si mesmo, é uma jornada, em que trabalhamos continuamente para nos tornarmos sempre versões melhores de nós mesmos. Todas essas reflexões foram e são minhas ferramentas para isso. E agora elas são suas também, caso queira.

Ousar e aprender

Aprender a aprender – deixar as folhas caírem para que novas folhas nasçam. Por que começar pelo outono uma série de livros? Para nascerem novas folhas, as antigas precisam cair. Preciso abrir espaço em mim, foi o que respondi às pessoas que me ajudaram a escrever, conceber, sonhar essa obra. E uma delas respondeu: eu também! Não esquecerei aquele olhar, nunca. Me via nele. Me vejo nele.

Amo muito minha vida de Coach, e essa foi uma das coisas que eu percebi quando comecei a escrever. Que, compartilhadas, essas reflexões tinham mais força que quando guardadas apenas para o papel. Que, ao ganhar o mundo, esses pensamentos poderiam se tornar reflexões construtivas para outras pessoas.

Essa é a minha motivação como Coach. E eu creio que, com esse livro, abro um novo canal para apoiar as pessoas na busca pelo seu caminho, pelo seu desenvolvimento e em busca da pergunta perfeita. E a pergunta perfeita é a que muda a sua vida instantaneamente. Vale a pena mudar a forma como pensa suas perguntas e transformá-la mais em sentir a pergunta que entender a pergunta? Levar pessoas a refletir sobre suas questões e a buscar as próprias respostas para suas perguntas ou novas perguntas. Aprender a perguntar de dentro de si para dentro de si.

Não obstante, alguns professores incríveis têm o poder de atender pessoalmente cada aluno de uma classe de 30, 40. Eu tive professores que foram grandes exemplos, e que me inspiram até hoje. Quando eu falo da Stella Brasil de Biologia, e de alguns outros não menos importantes, me emociono porque são pessoas que compõem quem sou hoje. Se ela não tivesse me influenciado tanto, não estaria falando de folhas, árvores, outono e ciclos. Hoje, sou um Coach que trabalha individualmente com pessoas, meu último número foi de 40 pessoas incríveis por semana – é uma classe.

A única diferença é que em vez de ter 40 alunos eu tenho 40 professores. Eu os vejo assim. Eu tenho 40 aulas de uma hora cada por semana com todas essas pessoas. 40 grandes oportunidades de aprender. Sempre achei que era balela ou papo furado de professor, para ganhar respeito dos alunos, dizendo que: "eu aprendo muito mais com vocês do que vocês comigo". Mas é verdade! Já disse antes aqui. Aprendemos bem mais quando ensinamos, cerca de noventa por cento. Ao estar numa sessão de Coaching, ouço, sinto e vejo o problema ou os objetivos da pessoa. Essa pessoa é professora da própria vida. O Coaching é isso! Ter o Coach como aluno, frente a um professor da própria vida, chamado de Coachee (cliente) e fazer as perguntas que podem fazer com que esse professor tenha que refletir, dar exemplos, mostrar meios, encontrar em si os caminhos.

Ao fazer esse professor desenvolver-se, eu recebo a capacidade de refletir sobre o que eu mesmo estou fazendo com a minha vida, em situação diferente, em situação similar e também apoio para que um ser humano incrível possa com ferramentas e técnicas mudar de ponto em que está na própria vida para chegar onde deseja estar. Repito, o aluno sou eu. Ambos aprendemos e amo aprender!

Descobri escrevendo que em várias situações da minha vida eu podia gerar mais aprendizados. As palavras escritas me faziam refletir mais, me perguntar mais. Era meu aluno e meu professor.

Em cada estação minha árvore foi aumentando a copa, novas folhas foram se tornando presentes, o caule engrossava e aumentava a altura da árvore da minha vida.

Hoje sinto que as folhas são os aprendizados da vida. Tantos quantos não conseguimos contar. Os galhos podem sustentá-los, como sendo as experiências que temos. Vão aumentando, ramificando, desenvolvendo. E as folhas continuam a cair, outono a outono. E os galhos a crescer no momento certo.

O Outono é parte de uma Missão

Essa é a minha missão, e foi assim que eu tratei esse conteúdo. Todos os dias, durante vários outonos, eu compartilhei minhas reflexões com as pessoas. Em sua quase totalidade, textos curtos. Alguns mais longos. Compartilhei pensamentos em conversas, e-mails, redes sociais. Interagi diariamente, com os comentários, dúvidas e debates. Compartilhei e aprendi. Como num filme antigo, construí o campo dos sonhos e eles vierem jogar comigo, meus aprendizados. Foram muitos likes, comentários, compartilhamentos e, ao todo, milhões de visualizações. Honro e agradeço a cada um deles. Algumas pessoas já não estão mais aqui para ler esse livro, mas a conexão nunca acabará.

Nunca passei a ninguém essa responsabilidade de interagir com as pessoas. Essa é a minha Missão. Ninguém pode caminhar meu caminho por mim. Sou eu mesmo, Chris Malta, quem posta, responde, conversa, sente e se diverte com as interações. Como dizia minha avó "fofura", Dona Edina, eu sempre gostei muito de um abraço. Então, abraço e me sinto abraçado com esses contatos. Não abro mão de estar em contato com quem me acompanha, pois muito do meu amor pela minha vida de Coach vem do meu amor por gente – e vice versa. E no fim, ficam todas assim dentro das minhas emoções super positivas: vida, gente, amor, Coaching, pensamentos, atitudes e reflexões. Todos "misturadinhos". "Tamo junto?!"

E aqui está ele, compilado e organizado, para memória, pesquisa e referência. Para ser lido diariamente. Para voltar ao tempo e se conectar com suas memórias. Para observar a própria evolução. Para crescer, amadurecer, e ver suas folhas caírem. Para agir com consciência em sua vida, como agi na minha.

A vida da gente é incrível mesmo! Amo muito minha vida! Quantas vezes as folhas caíram e eu não entendi o significado delas. Quantas vezes eu não consegui ver a diferença/mudança das estações. Com esse livro, sinto que estou fazendo alguma coisa de dentro do meu Espaço Sagrado Interno. Vendo um espaço acontecer entre uma estação e outra. E escrever um livro sobre o outono no verão remete a uma energia muito interessante. Ao quinto elemento da natureza, o espaço. Mas isso é papo para outra hora e outras reflexões.

Resta dizer que os pensamentos, reflexões, gratidões e aprendizados eu apliquei em mim primeiro. Foi tudo fruto da minha própria experiência. A "cobaia" sobreviveu e conseguiu escrever o livro, ou seja, se funcionou para mim, pode funcionar para você leitor.

Tenho a ousadia de esperar que você ame este livro, como eu amei vivê-lo e escrevê-lo. Esse livro é fruto da minha vida, dos meus sentimentos de cada dia, de acordar antes do sol, e de escrever e publicar antes do seu primeiro raio. Esse era meu compromisso com ele. Isso é o que eu sinto.

Que este livro seja capaz de lhe apoiar como eu busquei me apoiar nestas reflexões. Como tantas outras pessoas que gostaram, curtiram, comentaram e compartilharam. Que essas reflexões lhe tragam construtivos diálogos, como trouxeram para mim e outros tantos leitores.

Torço para que você se divirta também. E que você perceba esse caminho que foi meu, que é seu, que é de todos nós: o caminho da mudança. Deixe as suas folhas caírem, desapegue. Seja o Outono e viva a estação com o apoio desse Diário de Coaching.

Eu ousei e mudei. Ouse mudar-se também. Boa leitura!

Modo de Ousar

Esse livro foi escrito objetivando grande interação por parte do leitor. Essa interação consigo mesmo primeiramente e depois com o autor através das mídias sociais, do site www.casacoaching.com.br e do Youtube. A forma encontrada para escrever esse Modo de Ousar, bem como do livro foi de acordo com as experiências pessoais do autor e seus processos de mudanças ao longo da sua vida e, especialmente nos últimos anos. O processo é apenas uma sugestão, um caminho ou um modo de uso.

Desta forma foram gerados diversos resultados e aprendizados para o autor, que culminaram com o processo de escrita dessa série de livros, Ouse Mudar-se. Além de ser um sonho, o Ouse Mudar-se é nas palavras do autor um meio pelo qual qualquer pessoa pode mudar, transformar, ressignificar ou melhor a própria vida, independente do meio externo ou de pessoas para a obtenção de resultados.

Foi o encontro dele consigo mesmo e portanto, pode ser seu encontro consigo mesmo.

Do Modo de Ousar

Ao conceber esse livro e a forma de organiza-lo, foram utilizados Quatro Princípios Básicos. Esses mesmo princípios são utilizados na vida pessoal e profissional do autor, de forma a gerar maiores aprendizados, melhores caminhos e resultados.

São eles:

Princípio da Simplicidade: a forma de escrita é simples e direta, ou seja, deve gerar facilidade de compreensão para que a mente não possa ativar os auto sabotadores como sempre faz ou, caso consiga ativa-los, o leitor terá como reverter isso. Daí a forma do livro escrita como Diário de *Coaching*. Cada dia é um novo começo. Se der certo ou errado num dia, o dia seguinte é independente e é outro dia. Pode gerar mais, menos ou nenhum aprendizado nesse dia e ainda assim estar pronto para começar tudo novamente no dia seguinte.

Princípio da Presença Ativa: a praticidade está na forma de viver o livro. O leitor é chamado a estar presente momento a momento quando estiver em contato com o livro. O hoje é sempre o dia mais importante e o momento presente é sempre o único momento.

O primeiro local de interação é no campo Objetivo. Nesse campo, o melhor caminho é que o leitor escreva logo cedo ou na noite anterior o que deseja desenvolver naquele dia, que pode ser colocado em uma palavra, frase ou, como preferir. Ao final do dia, o leitor é poderá alinhar o que aconteceu, ou seja, pode preencher equilibrando pensamentos, palavras e ações.

Os campos podem (e devem preferencialmente) ser preenchidos diariamente. Se não forem, tudo bem. Todo dia é um novo dia.

Ainda ao final do dia, há o campo da Gratidão do dia. Nesse campo, o que o leitor poderá colocar algo ou alguém ou alguma situação à qual foi mais grato nesse dia. Importante que o livro é do leitor então, podem ser escritos quantos agradecimentos desejar.

Há ainda o campo do Aprendizado, que funciona da mesma maneira como avaliação ao final do dia, podendo o leitor colocar o que aprendeu. Fica a sugestão preenchimento após uma breve reflexão e um bom copo de água. Por fim, a Pergunta do Chris na página ao lado, que pode ser ligada ao texto escrito ou algo que valha uma maior reflexão para o desenvolvimento do livro.

Fica a sugestão do autor de não só responder no livro mas também no site da Casa Coaching no www.casacoaching.com.br criando uma conta lá para acessar e manter suas respostas, reflexões e pensamentos.

Princípio da Interação: o livro busca interação entre os leitores e o autor. Sentimentos, pensamentos, experiências, reflexões e insights são super bem-vindos na Comunidade do Ouse Mudar-se no Facebook e no www.casacoaching.com.br. O autor adora dizer que "conhecimentos compartilhados geram sabedoria." Desta forma, quanto mais interação e troca de experiências ligadas ao livro, mais sabedoria poderemos gerar para todos. Além do mais, haverá a oportunidade de manter melhores contatos. Poderão haver eventos privados aos membros da Comunidade via HangOut do Google ou Webinars exclusivos, com convidados ou abertos.

Princípio da Reflexão: a proposta do livro é levar ao leitor reflexões diárias, daí a sua organização. O processo transformacional do autor se deu por inúmeras horas de reflexões e meditações com as mais diversas técnicas de *Mindfulness*. Refletir é o caminho de dentro de si mesmo. É silenciar os barulhos do mundo e ouvir o interior do interior de si mesmo. É mostrar a si mesmo, de dentro para fora de si.

A interação e compartilhamento é, como dito no princípio anterior a melhor forma de aumentar o nível de aprendizado, sentido e consciência. É reiterado o convite a compartilhar pois quando ensinamos e compartilhamos, aprendemos cerca de 90% do que transmitimos.

No final do Outono, há uma avaliação de desempenho. O ciclo da estação para gerar maiores aprendizados deve ser avaliado e, portanto, fica reiterado o convite a refletir e compartilhar pois quando ensinamos e vemos o real propósito, aprendemos cerca de 90% do que transmitimos.

Quanto maior for a participação na sua própria jornada pelo livro, maior será seu nível de Ousadia. Quanto maior o seu nível de ousadia, maiores serão seus aprendizados, aumento de consciência e sabedoria. Ouse mudar-se.

O autor.

OUSE MUDAR-SE

Objetivo:

Gratidão:

Aprendizado:

O segredo da estação das folhas que caem
é aprender a amar sem apego.

Para que se abra um novo ciclo no qual novas folhas
nasçam, é importante respeitar a sabedoria das folhas
mais velhas que caem e abrem esse espaço.

Desapegar é sabedoria para quem quer crescer.
Felicidade é entender que a árvore deve desapegar para crescer.

Ouse ser Outono.

Pergunta do Chris:

Chegou o momento de deixar cair as velhas folhas da sua vida? Avalie.

Inclua suas respostas no www.casacoaching.com.br

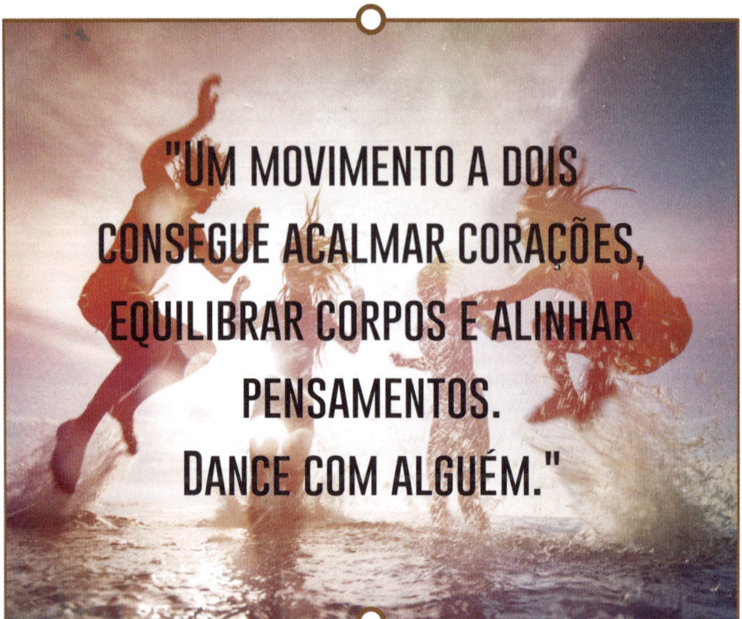

Objetivo:

____

____

____

Gratidão:

____

____

____

Aprendizado:

____

____

____

Não há imaginação sem movimento.
Não há razão sem movimento.
Não há amor sem movimento.
Não há dia sem movimento.
Não há vida sem movimento.
Não há, AH! sem movimento.
Se movimento é vida, movimente-se.
Vá dançar, mover-se.
Entenda que movimento é encantamento.
Encante-se e dance.

Pergunta do Chris:

Qual o seu nível de envolvimento para gerar o movimento de mudanças?

Inclua suas respostas no www.casacoaching.com.br

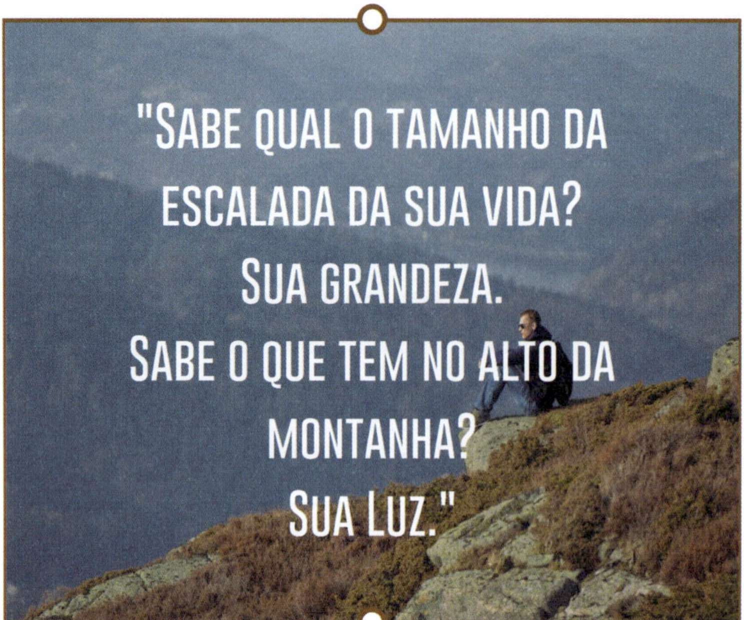

Objetivo:

Gratidão:

Aprendizado:

Escale até o topo da sua vida!
Ou vai cansar, parar e desistir?
Vamo junto até o topo?! Que tal?!

Pergunta do Chris:

Quantas vezes você seus autossabotadores te impediram de chegar aos seus objetivos?

Inclua suas respostas no www.casacoaching.com.br

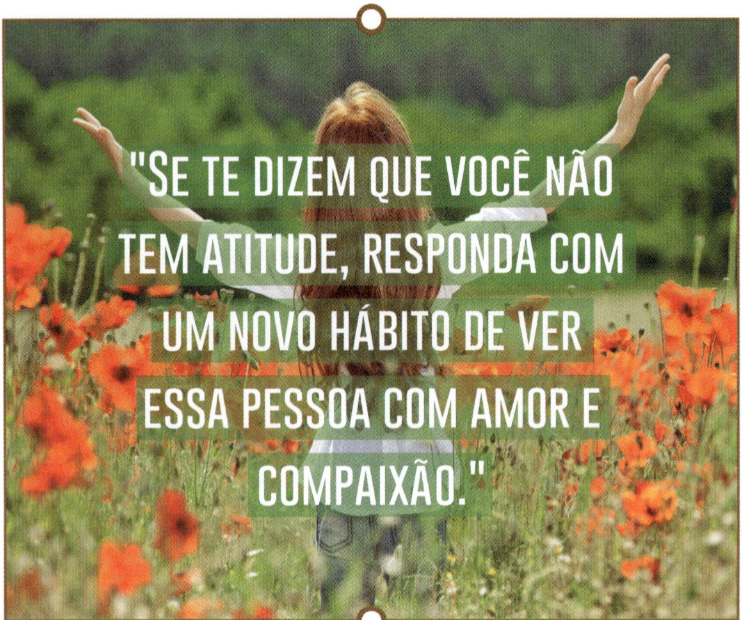

Objetivo:

Gratidão:

Aprendizado:

Não há nada como mudar a partir
de novas atitudes que levam a novos hábitos.

Uma dica de um bom novo hábito:
olhar sempre com amor para as pessoas que ama e também para aquelas que ainda não ama.

Não há hábito mais poderoso que mudar a partir do amor.

Pergunta do Chris:

Qual nova atitude você pode tomar hoje para mudar algo que te irrita há tempos?

Inclua suas respostas no www.casacoaching.com.br

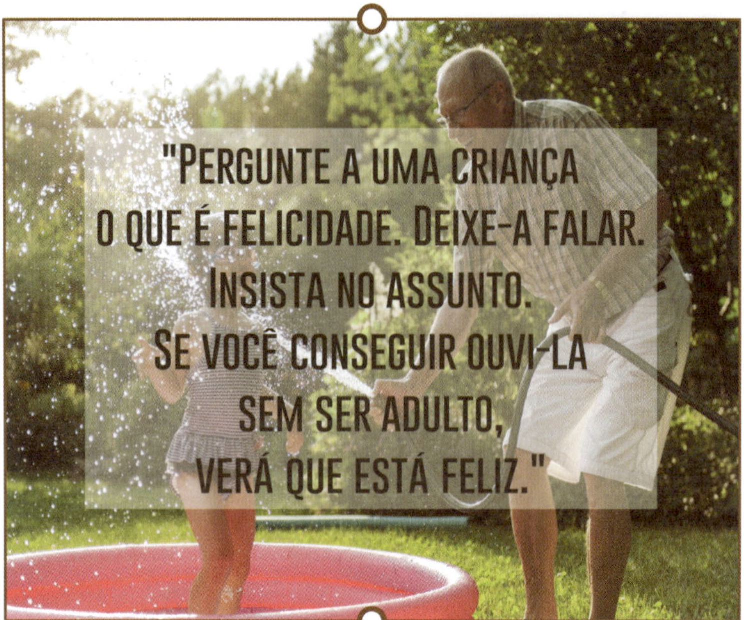

Objetivo:

______

______

______

Gratidão:

______

______

______

Aprendizado:

______

______

______

**E se a energia baixar, volte ao estado inicial: criança.
Em instantes, tudo passa a ser maravilhoso.
A criança é flexível e resiliente em suas ações e reações.
Isso é o que facilita viver hoje e amanhã.**

Pergunta do Chris:

Você toma mais atitudes baseadas em ações ou em reações?

Inclua suas respostas no www.casacoaching.com.br

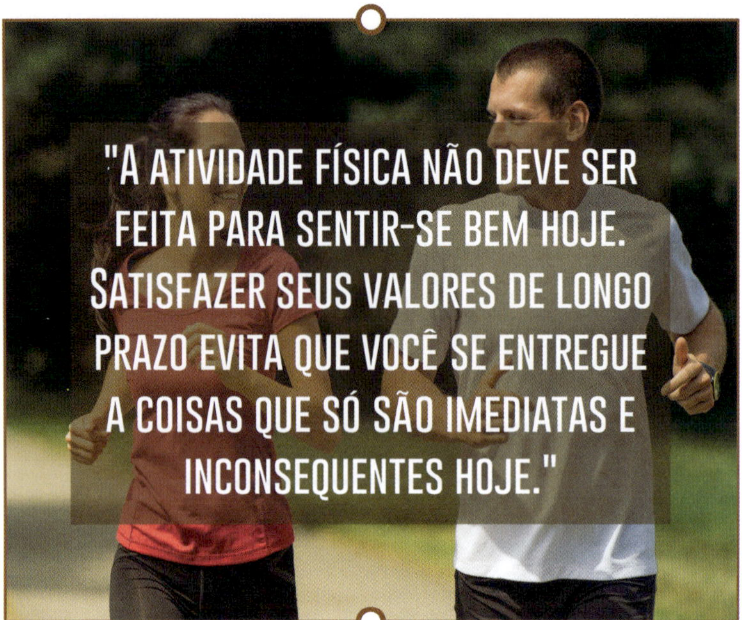

Objetivo:

Gratidão:

Aprendizado:

Gaste sua energia de maneira saudável e com coisas do Bem.
Assim, você gera mais energia boa para si e para os outros.
Lembre-se que você colhe o que você planta.
A Lei de Causa e Efeito é implacável.
Quer mudar alguma coisa no futuro? Comece hoje.

Pergunta do Chris:

O que você tem de mais incrível para te apoiar a começar seu futuro hoje?

Inclua suas respostas no www.casacoaching.com.br

Objetivo:

Gratidão:

Aprendizado:

**Sobreviver é viver sobre a vida e não na própria vida.
Saia dessa caixinha horrorosa que você acha que é a vida
e venha viver intensamente!**

**Não caia no que a sociedade diz que é certo ou errado.
Estabeleça seus próprios standards e paradigmas.
Veja além. Vá além.
Vamo junto?!**

Pergunta do Chris:

Imagine o que você poderia fazer ao ir além. Qual a sensação disso no seu corpo?

Inclua suas respostas no www.casacoaching.com.br

Objetivo:

____

____

____

Gratidão:

____

____

____

Aprendizado:

____

____

____

A Verdadeira Arte.
Pare de procurar fora o que está dentro de você.
A Luz que existe dentro é bem maior que qualquer sombra que queira entrar, ainda que do seu Ego Mental.
Respire e confie.

Pergunta do Chris:

Onde e que horas você pode buscar a calma mental que te apoiará a encontrar sua Luz interna?

Inclua suas respostas no www.casacoaching.com.br

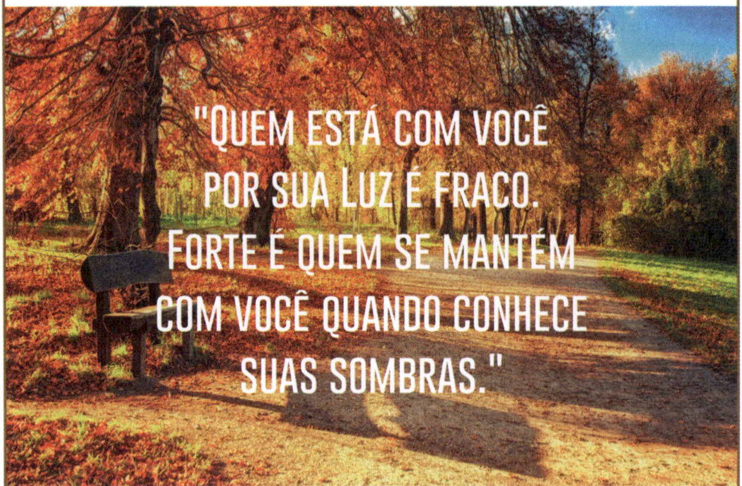

Objetivo:

Gratidão:

Aprendizado:

Ame muito e evolua.
Ame muito e cresça.
Ame muito e desenvolva-se.
Pois é amando que percebemos
que nos amamos antes de amar a outros.
Quem ama se ama, pois permite exteriorizar
seu grande amor por si mesmo.
O verdadeiro amor é a exteriorização no outro
do seu grande amor por si mesmo.
Saia da sua sombra amando.

Pergunta do Chris:

De 0 a 10, qual o seu nível de amor próprio hoje?

Inclua suas respostas no www.casacoaching.com.br

Objetivo:

Gratidão:

Aprendizado:

Hoje é dia de brincar.
Faça tudo ser mais leve, interpretando as situações
como uma verdadeira brincadeira e não como uma obrigação.
Quem se diverte, aprende.
Quem vê oportunidade em tudo, aprende.
Quem sente a leveza, aprende a sentir mais.

Pergunta do Chris:

Quando foi a última vez que teve uma crise de riso?

Inclua suas respostas no www.casacoaching.com.br

Objetivo:

Gratidão:

Aprendizado:

Saiba dar colo quando pedirem
e também quando não pedirem.
Quem ama "é" colo.
O melhor colo que existe
é o que surpreende pelo calor do amor.
E não há sombra que resista
a um bom e caloroso colo.

Pergunta do Chris:

Qual o seu nível de consciência sobre a influência que tem na vida dos outros?

Inclua suas respostas no www.casacoaching.com.br

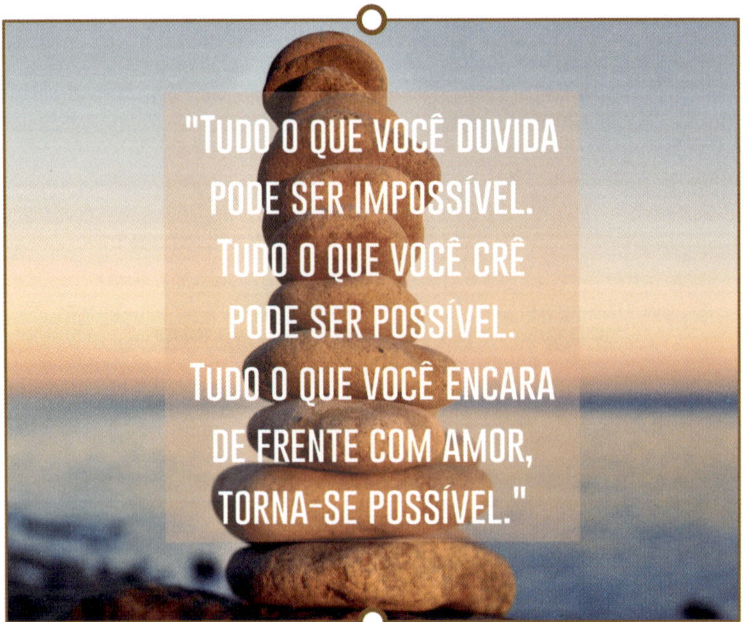

Objetivo:

Gratidão:

Aprendizado:

A atitude correta é premiada
pela força do amor próprio para transformá-la
em hábito e executar uma mudança sustentável.
Quem não consegue sustentar volta atrás nas mudanças.
Sustente com todo o amor e não com a força.
Faça ser possível e sustentável.

Pergunta do Chris:

Quantas pessoas você pode abraçar hoje para demonstrar compromisso com a mudança?

Inclua suas respostas no www.casacoaching.com.br

1º de abril

Objetivo:

Gratidão:

Aprendizado:

**Coloque-se mais à frente da sua vida.
Seja mais humilde para entender
que o responsável por seus atos,
pensamentos e omissões é você mesmo.
Aceitando isso, pode fugir dessa gaiola imaginária
que você mesmo criou.**

Pergunta do Chris:

Quando você pensa em algo que precisa de solução na sua vida, como você faz para separar pessoas de atos e fatos?

Inclua suas respostas no www.casacoaching.com.br

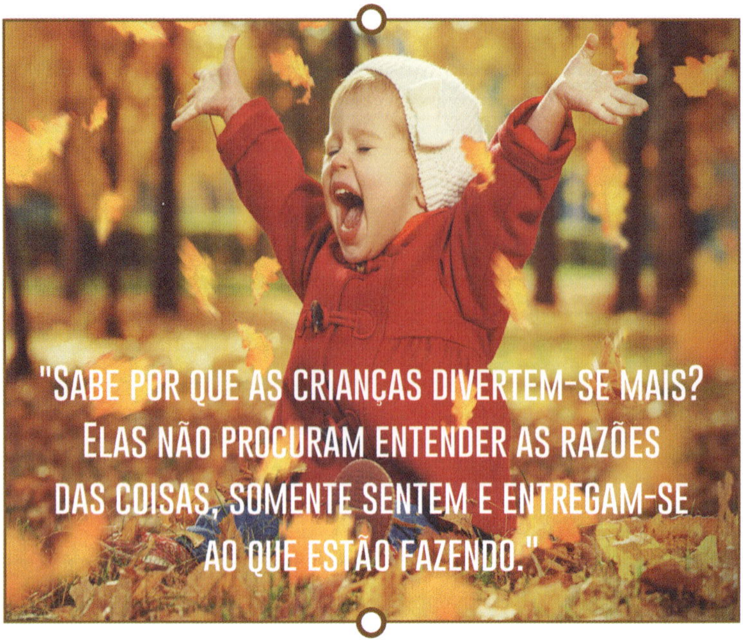

Objetivo:

Gratidão:

Aprendizado:

As melhores atitudes que se pode ter consistem em: agir mais, entender menos, sentir mais e sofrer menos.

Pergunta do Chris:

Qual brincadeira de criança você fará no próximo final de semana?

____

____

____

____

____

____

____

____

____

Inclua suas respostas no www.casacoaching.com.br

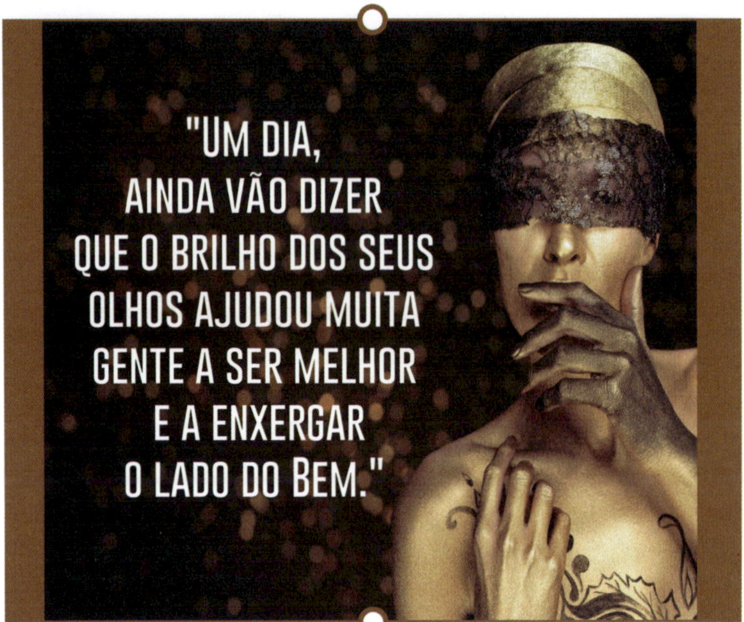

Objetivo:

____

____

____

Gratidão:

____

____

____

Aprendizado:

____

____

____

Por que todos veem sua Luz, menos você mesmo?
Por que todos veem seus Dons, menos você mesmo?
Por que todos veem suas Qualidades, menos você mesmo?

Pare de ter medo do que seu Ego Mental
te diz e entenda que a Luz está dentro de si,
assim como os dons e as qualidades que fazem
as pessoas te amar pelo que você é e não pelo que você tem.
Seja, pois você já é.

Pergunta do Chris:

Consegue lembrar de 3 momentos que ajudou pessoas? Escreva-os aqui e conte como sentiu-se após cada um.

Inclua suas respostas no www.casacoaching.com.br

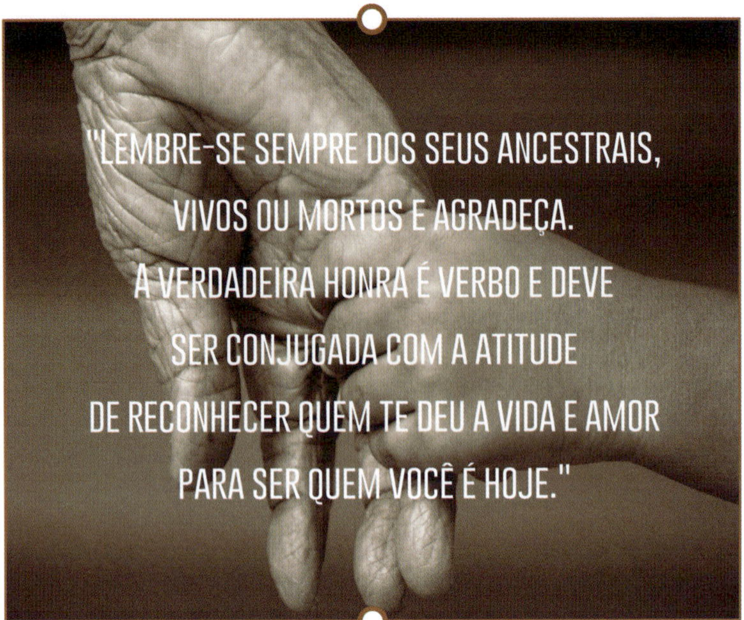

Objetivo:

____

____

____

Gratidão:

____

____

____

Aprendizado:

____

____

____

Honre de onde vem.
Honre por onde passou.
Honre com quem caminhou junto.
Honre quem te fez aprender.
Honre a todos que te recebem
com os ouvidos do coração abertos.
É honrar a vida que te faz ter uma vida honrada.

Pergunta do Chris:

Com que frequência você diz que ama a seus pais? Como se sente refletindo sobre isso?

Inclua suas respostas no www.casacoaching.com.br

5 de abril

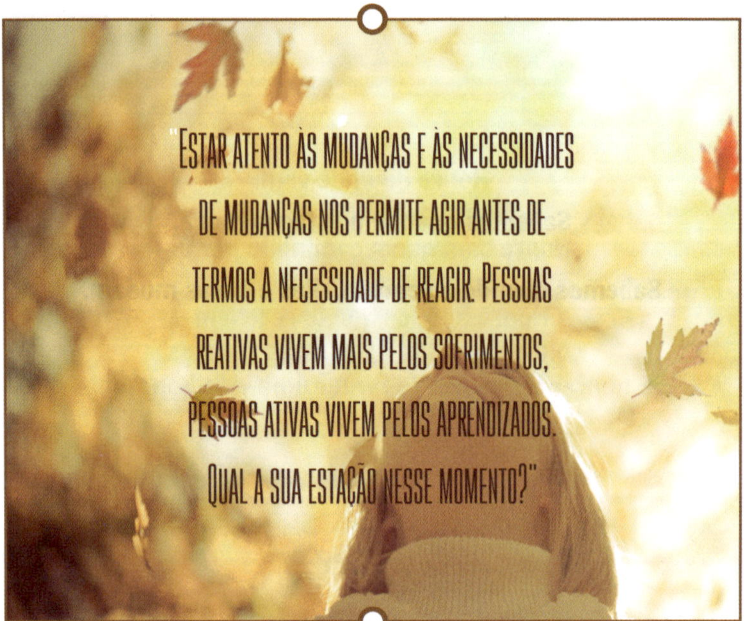

Objetivo:

____

____

____

Gratidão:

____

____

____

Aprendizado:

____

____

____

Sabemos quando a estação muda.

Sabemos quando a semana, dias e horas mudam.

Sabemos quando a gente muda?

Pergunta do Chris:

Qual a sua maior força para mudar? Escreva sobre isso.

Inclua suas respostas no www.casacoaching.com.br

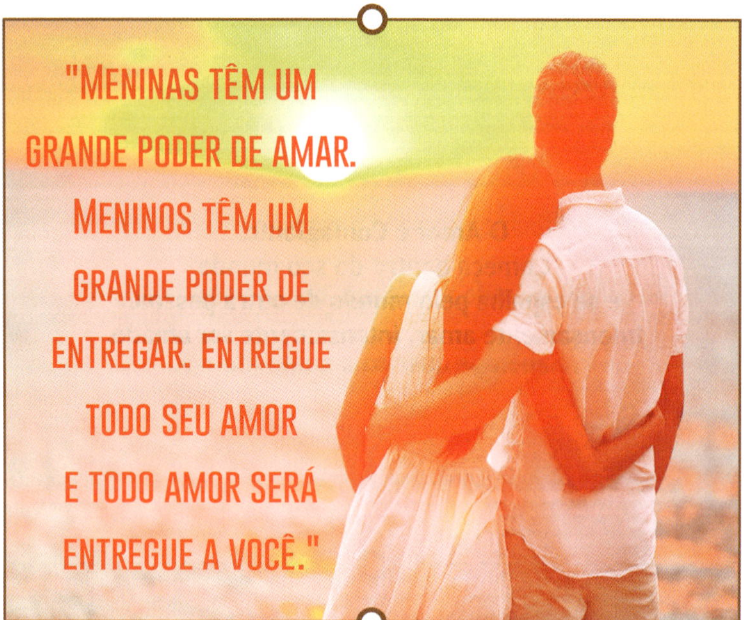

Objetivo:

Gratidão:

Aprendizado:

O Amor é Contagiante.
Começa dentro do seu mundo
e se espalha pelo mundo de outra pessoa.
Intensamente amar, intensamente ser amado.
O mais gostoso? Permitir ser Amado.

Pergunta do Chris:

De 0 a 10, qual o nível de permissão você dá para que as pessoas te amem? Isso é o suficiente?

Inclua suas respostas no www.casacoaching.com.br

Objetivo:

Gratidão:

Aprendizado:

Já acabou. Já passou.
O que gerou? Lágrimas, dores, medos,
angústias e muito aprendizado.
O que é isso? O momento pelo qual você
está sendo preparado para viver algo maior.
E lembre-se que algo maior ou menor,
com prazer ou com dor, passa.
Tudo sempre passa.

Pergunta do Chris:

O que você mais aprendeu consigo mesmo sobre as maiores perdas que teve na vida?

Inclua suas respostas no www.casacoaching.com.br

Objetivo:

Gratidão:

Aprendizado:

Equilíbrio, paciência, gratidão e consciência são as maiores virtudes de um ser humano do Bem.

Qual a sua capacidade de manter-se em equilíbrio mesmo diante dos maiores desafios da vida?

Pergunta do Chris:

O que você pode fazer para acalmar sua mente em momentos de desequilíbrio?

Inclua suas respostas no www.casacoaching.com.br

Objetivo:

Gratidão:

Aprendizado:

Passe a ver cada situação da vida como um aprendizado e entenderá que são os sonhos que te motivam e os aprendizados que te movem.

Pergunta do Chris:

Que tal uma tarefa? Nos próximos 7 dias, faça caminhadas regulares de 30 minutos por vez com o foco somente na sua respiração. Observe o ar entrando pelo nariz, permanecendo um pouco em seus pulmões e saindo pela boca. Concentre-se somente na respiração. (se não puder caminhar, sente-se numa cadeira confortável sem cruzar pernas e braços). Escreva aqui como sentiu seu corpo.

Inclua suas respostas no www.casacoaching.com.br

10 de abril

"QUER SER DE ALTO DESEMPENHO NA VIDA? EMPENHE-SE TODOS OS DIAS EM SER SUA MELHOR VERSÃO E ISSO ACONTECE."

Objetivo:

____

____

____

Gratidão:

____

____

____

Aprendizado:

____

____

____

**Se você não der seu máximo todo dia,
nunca saberá como é ser extremamente
feliz consigo mesmo.
Quem faz o básico, colhe o básico.
Quem faz com maestria, colhe maestria.
Pura Causa e Efeito.**

Pergunta do Chris:

O que você faz com mais vontade? Consegue melhorar isso em 20% na próxima semana?

Inclua suas respostas no www.casacoaching.com.br

"QUEM POSSUI UMA VONTADE LOUCA DE CRESCER TEM UM AMOR LOUCAMENTE ENORME POR SI MESMO."

Objetivo:

Gratidão:

Aprendizado:

É de dentro para fora que se cresce.
Do seu amor até o amor do outro.
Seja seu amor e será o amor de alguém.

Pergunta do Chris:

Quando foi a última vez que fez algo que adora sem ninguém por perto?

Inclua suas respostas no www.casacoaching.com.br

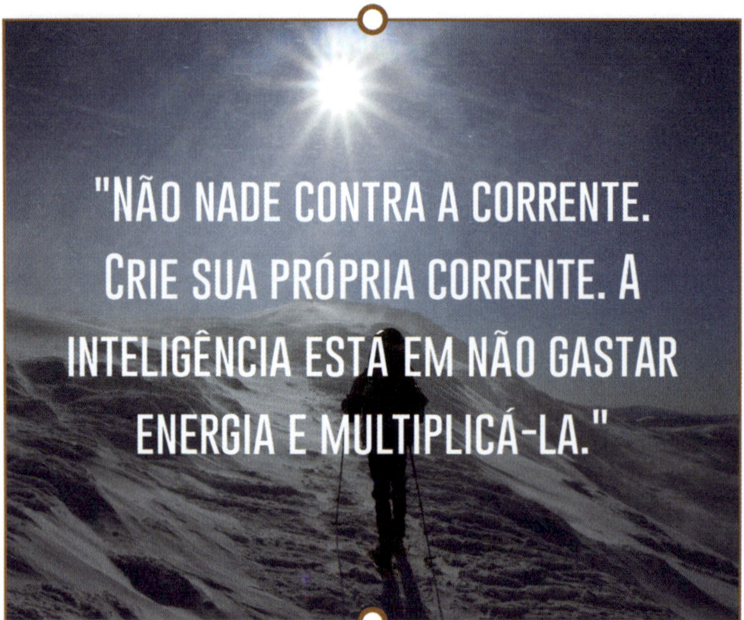

Objetivo:

____

____

____

Gratidão:

____

____

____

Aprendizado:

____

____

____

Mova-se através das suas forças,
não através das suas fraquezas e sombras.
Com fraquezas e sombras simplesmente aprenda.

Pergunta do Chris:

O que você pode fazer para focar no positivo em cada situação? Reflita sobre as melhores soluções com criatividade e faça nas próximas 48 horas.

Inclua suas respostas no www.casacoaching.com.br

Objetivo:

Gratidão:

Aprendizado:

**Para quem tem saudades das manhãs de domingo,
entenda que, muitas vezes, dois pontos representam
uma figura a ser completada e não apenas uma reta.
A tangência de uma curva só faz sentido
se quem a faz é congruente.**

**Um sorriso são dois pontos ligados por um semicírculo.
Sinta mais e explique menos.**

Pergunta do Chris:

Qual o maior exemplo de vida positiva você teve? Pense um pouco nessa pessoa. O que sente em seu corpo ao pensar?

Inclua suas respostas no www.casacoaching.com.br

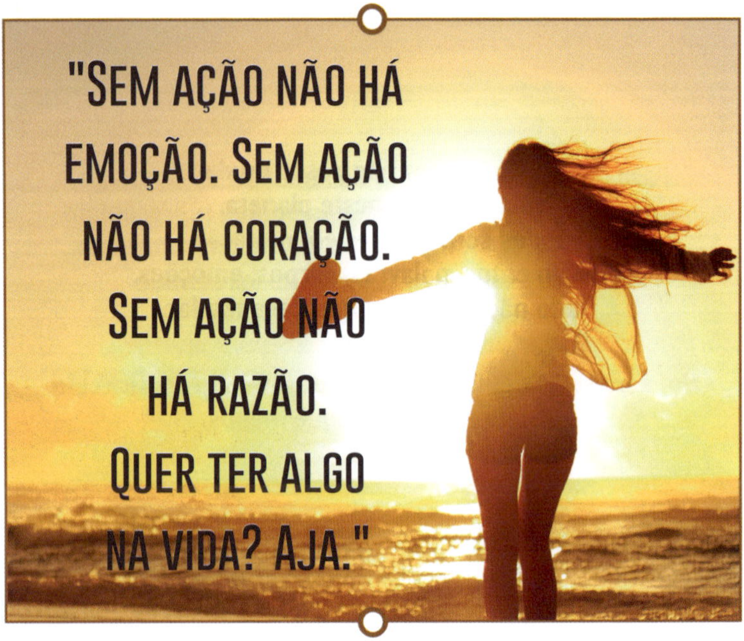

Objetivo:

Gratidão:

Aprendizado:

Não há quem não possa mudar
ou melhorar neste planeta.
Todos somos seres em mutação.
Pensamentos, palavras, corpos, emoções.
Tudo não só pode como deve mudar.
O que você está esperando para agir
e mudar o que sabe que deve ser mudado na sua vida?

Pergunta do Chris:

Se você tivesse tempo e dinheiro agora, para qual lugar gostaria de ir em férias e por que? Qual hábito seu valeria a pena acabar como premiação dessa viagem incrível?

Inclua suas respostas no www.casacoaching.com.br

Objetivo:

Gratidão:

Aprendizado:

A atitude que gera hábito
começa dentro de você.
E aquece a alma.
Consegue gerar esse calor e aquecer sua vida?

Pergunta do Chris:

O que pode fazer nesse exato momento para gerar calor? Faça.

Inclua suas respostas no www.casacoaching.com.br

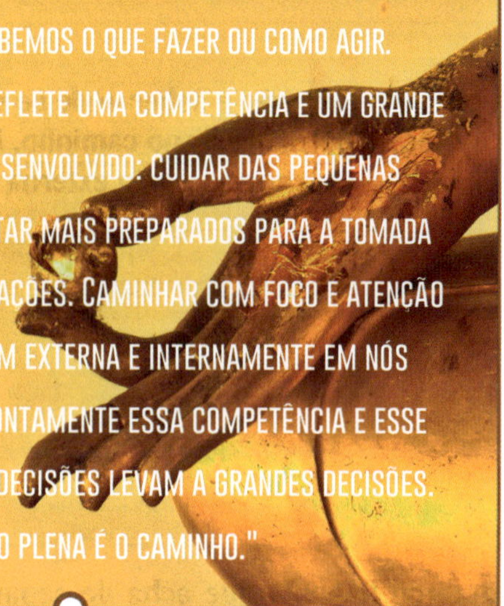

"MUITAS VEZES SOMOS LEVADOS A DECISÕES IMPORTANTES EM NOSSA VIDA E NÃO SABEMOS O QUE FAZER OU COMO AGIR. ALÉM DE NATURAL, ISSO REFLETE UMA COMPETÊNCIA E UM GRANDE APRENDIZADO A SER DESENVOLVIDO: CUIDAR DAS PEQUENAS DECISÕES NOS LEVA A ESTAR MAIS PREPARADOS PARA A TOMADA DE GRANDES DECISÕES OU AÇÕES. CAMINHAR COM FOCO E ATENÇÃO ÀS COISAS QUE OCORREM EXTERNA E INTERNAMENTE EM NÓS FAZ NOS ACHAR MAIS PRONTAMENTE ESSA COMPETÊNCIA E ESSE APRENDIZADO. PEQUENAS DECISÕES LEVAM A GRANDES DECISÕES. A ATENÇÃO PLENA É O CAMINHO."

Objetivo:

____

____

____

Gratidão:

____

____

____

Aprendizado:

____

____

____

Ter foco não é saber onde se quer chegar apenas.
Ter foco é permanecer no caminho, independente de qualquer interferência externa ou interna.
Ter foco é honrar cada passo e respiração até seu Destino.

Pergunta do Chris:

Já meditou hoje? O que acha de separar 10 minutos do seu dia e respirar lenta e profundamente, inspirando pelo nariz e expirando pela boca, deixando os pensamentos simplesmente passarem, sem se fixar em nada ou nenhum deles ao estar sentado num lugar confortável? Compartilhe as sensações.

Inclua suas respostas no www.casacoaching.com.br

Objetivo:

Gratidão:

Aprendizado:

Não importa sua cor, religião
ou maneira de pensar sobre si mesmo.
Entenda que, muitas vezes, ajudar pessoas e espalhar
o Bem é a forma de conseguir ser melhor internamente.
Seja grato às pessoas e dê tudo a elas.
Seja grato a seus ancestrais e dê tudo a eles.
Seja grato e permita-se dar tudo a si mesmo.
Seja o Bem que há em você.

Pergunta do Chris:

Quantos abraços você dará hoje em pessoas conhecidas? E em desconhecidas?

Inclua suas respostas no www.casacoaching.com.br

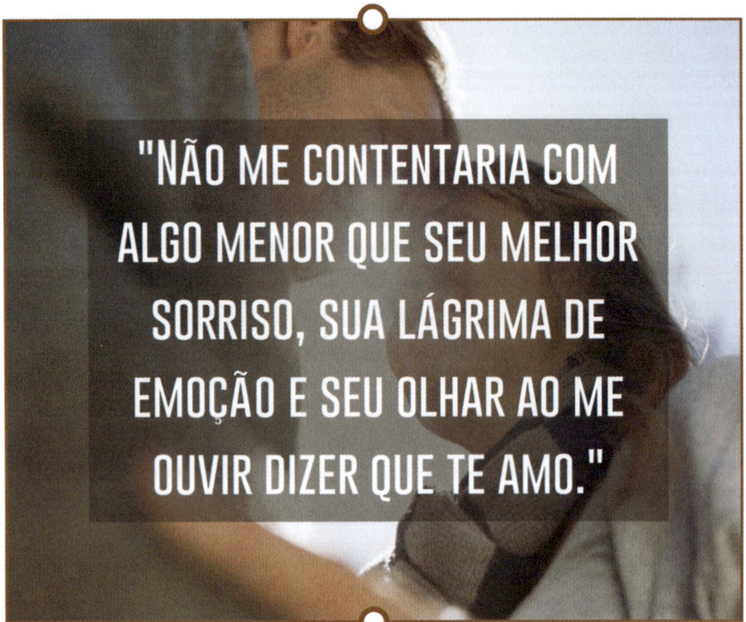

Objetivo:

Gratidão:

Aprendizado:

Ame tanto que as ações do outro passarão
a ser reflexo da Luz do seu olhar.
Quem olha com compaixão vê o melhor
do outro e, muitas vezes, nem mesmo o outro
sabe que existe nele esse melhor.
Lembre-o. Reconheça-o.
Conte a ele.

Pergunta do Chris:

A quem você escreveria um bilhete de amor com apenas 11 palavras? O que falta para que escreva nesse momento?

Inclua suas respostas no www.casacoaching.com.br

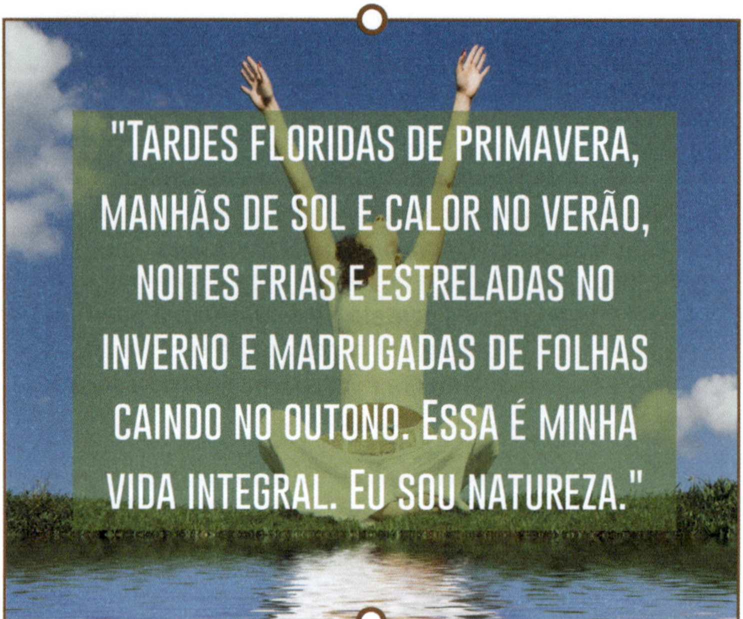

Objetivo:

Gratidão:

Aprendizado:

**O contato com a natureza é tão importante
quanto o contato com os demais seres humanos.
A interdependência nos mostra que estamos
todos conectados a um só e a cada um de nós.
Assim, quando temos contato profundo com a natureza
estamos mais felizes ou em condições de recuperarmos
melhor e mais rapidamente de nossos cansaços e feridas.
Seja a Natureza.**

Pergunta do Chris:

O que você pode fazer em contato com a natureza hoje? Esteja 100% presente nesse momento.

Inclua suas respostas no www.casacoaching.com.br

Objetivo:

Gratidão:

Aprendizado:

Aceite seus sentimentos.
Caminhe através deles.
Honre seus sentimentos.
Crie seu espaço sagrado interno.
Medite.

Pergunta do Chris:

Reflita sobre o que está sentindo hoje. O que pode fazer para sentir-se melhor? Agora medite por 6 minutos visualizando essa situação resolvida de uma forma melhor para todos os envolvidos. Como seria?

Inclua suas respostas no www.casacoaching.com.br

Objetivo:

Gratidão:

Aprendizado:

Sinta muito ao invés de dizer "sinto muito."
É verdade que quem sente e mostra vive bem mais e é bem mas feliz.
De que adianta uma vida cheia de pedidos de desculpas
se o que merecemos são os melhores sentimentos?

Pergunta do Chris:

Que tal uma tarefa? Escreva o nome ou inicial do nome de três pessoas que você ainda não perdoou. Como seria se você as perdoasse? Reflita sobre isso.

Inclua suas respostas no www.casacoaching.com.br

Objetivo:

Gratidão:

Aprendizado:

Muito aconteceu em sua vida até aqui.
Vitórias, derrotas, grandes aprendizados.
As respostas que sempre procurou sempre
estiveram dentro de você e não no mundo.
Como encontrá-las?
Silêncio, calma mental e paciência.

Pergunta do Chris:

Escolha um dos três nomes escritos ontem. Escreva um pequeno texto de contando como você se sente em relação a situação ocorrida. Diga somente sobre seus sentimentos e sensações corporais. De 0 a 10, quanto consegue engajar-se para perdoar a essa pessoa?

Inclua suas respostas no www.casacoaching.com.br

23 de abril

Objetivo:

Gratidão:

Aprendizado:

Pare de pensar e sinta.
É das emoções que vêm os grandes aprendizados da vida.

Pergunta do Chris:

Qual a maior característica da pessoa que você mais admira? Que tal repetir esse modelo nas próximas 24 horas e contar aqui como foi?

Inclua suas respostas no www.casacoaching.com.br

Objetivo:

____

____

____

Gratidão:

____

____

____

Aprendizado:

____

____

____

A Liberdade é um Valor cheio de Luz e,
ao mesmo tempo, cheio de sombras.
Cuide para que seu Sol não se torne sombra
fazendo mal uso da sua Liberdade.
Lembre-se que um Valor é o que você não abre mão
e não um estado momentâneo de inconsciência.
Viva conscientemente a partir dos seus Valores.

Pergunta do Chris:

Qual o valor central da sua vida? Alguma vez já o deixou de lado e teve bons resultados?

Inclua suas respostas no www.casacoaching.com.br

Objetivo:

Gratidão:

Aprendizado:

Nunca duvide da sua capacidade de se fazer feliz.
É dentro de você que mora sua felicidade
e não em outra pessoa, coisa ou lugar.
Está pronto para viver?
Olhe-se no espelho e sorria apaixonadamente
para você mesmo!

Pergunta do Chris:

Quando foi a última vez que tomou banho ouvindo a música que mais adora e dançou? Por que não fazer isso nos próximos três dias? Diga os resultados aqui, combinado?

Inclua suas respostas no www.casacoaching.com.br

26 de abril

Objetivo:

Gratidão:

Aprendizado:

Eu honro o Sol.
Eu honro a Luz.
Eu honro quem me faz aprender.
Eu honro quem me faz sentir.
Eu honro quem honra.
Honre e será honrado.

Pergunta do Chris:

Quem é a pessoa que você mais honra nesse planeta?

Inclua suas respostas no www.casacoaching.com.br

Objetivo:

Gratidão:

Aprendizado:

A Importância da Vida.

Um dia, a gente descobre que a maior importância da vida é pensar que a própria vida é o que há de mais importante para que possamos crescer e evoluir junto a nós mesmos, buscando a iluminação e a ajuda ao próximo.

Quando passamos a agir para acumular méritos e não bens, sentimos que ser do Bem, agir pelo Bem e através do Bem são as coisas mais importantes. Passamos a deixar de lado o "ter" e passamos a caminhar através do "Ser".

Trata-se de sermos os melhores do que podemos ser, o máximo de tempo possível, com consciência e integralidade. No meio disso, encontrar em nós mesmos o amor próprio e depois cativar um amor por alguém, que cresce e cresce, e que se expandirá por muitos tempos e muitas vidas.

É ter a humildade para sentir que o que fazemos bem aqui nos levará a sermos ainda mais conscientes da próxima vez. Ainda que isso só se dê de maneira completa, se gera e é por uma intenção pura, buscando o tempo todo o Amor.

No fim de tudo, a verdade é que há sempre um novo começo. E que de um sorriso e uma risada nascem outros sorrisos e outras risadas. E que vale muito a pena viver para apoiar, encantar e principalmente para gerar emoções positivas e muitos suspiros e arrepios de amor.

Busque incessantemente ser quem você sempre quis amar ser. Pois é amando a si que amará quem quer perto de si. E também aprenderá a amar quem não quer perto de si. A vida mostra que no fim nosso amor deve ser levado a todos desse planeta, pois somos todos um só e somos somente amor.

Eu acredito nisso.

Pergunta do Chris:

Você tem feito algum trabalho social ou voluntário? Qual é a sensação? O que pode fazer por isso?

___

___

___

Inclua suas respostas no www.casacoaching.com.br

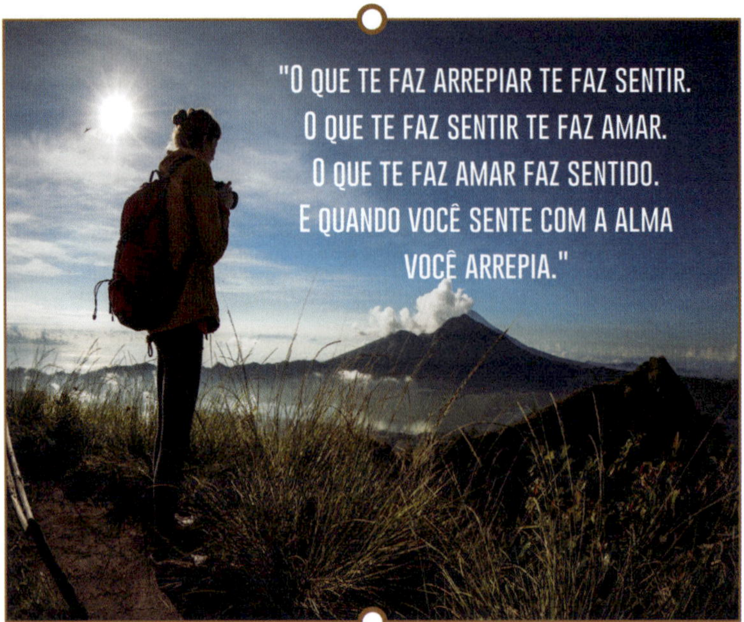

Objetivo:

Gratidão:

Aprendizado:

Perca alguns segundos e ganhe felicidade.
Feche os olhos, respire profundamente três vezes
e visualize o que te faz arrepiar.
Viva essa emoção por alguns instantes dentro de si.
Guarde a sensação gerada em seu corpo por essa emoção.
Respire novamente e volte a viver o dia de hoje
com sensações e emoções positivas.

Pergunta do Chris:

Quando foi a última vez que comprou ou apanhou flores de um jardim? Presenteie alguém e repare em seu olhar a emoção sentida.

Inclua suas respostas no www.casacoaching.com.br

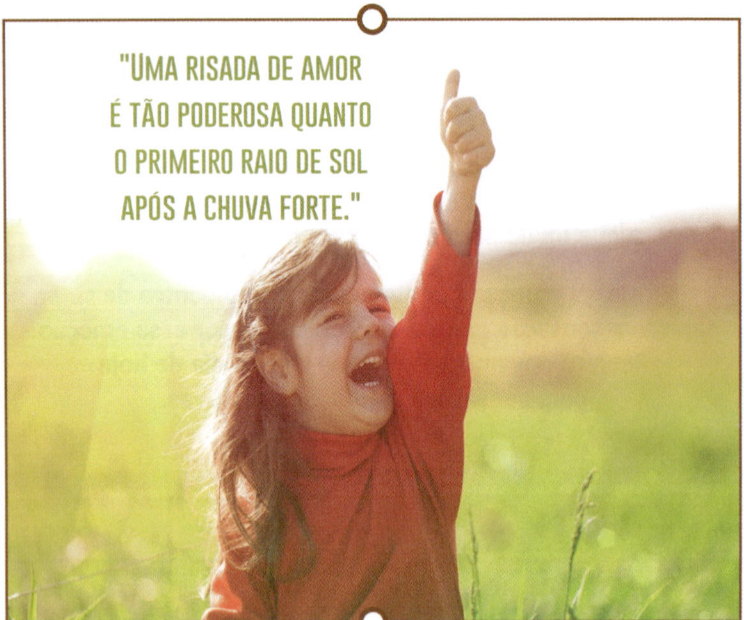

Objetivo:

Gratidão:

Aprendizado:

Sorria intensamente.
É com um sorriso que podemos ver
o que há de bom em alguém ou alguma coisa.

Sorrir é um ato de humildade
e também de humanidade.

Pergunta do Chris:

O que um sorriso é capaz de fazer? Quantos sorrisos você vai espalhar pelo seu ambiente de trabalho hoje? E com as pessoas da rua? Conte como foram as sensações.

Inclua suas respostas no www.casacoaching.com.br

30 de abril

Objetivo:

Gratidão:

Aprendizado:

Respire tranquilidade.
Seja o colo de alguém.
Conforte. Aqueça. Acolha.

Pergunta do Chris:

O que você pode fazer para aumentar seu nível de escuta com quem você mais tem sido impaciente?

Inclua suas respostas no www.casacoaching.com.br

Objetivo:

Gratidão:

Aprendizado:

Quando reconhecemos no outro o que há de melhor, passamos a colher o que há de melhor em nós mesmos.

O encanto e a admiração devem sempre existir para que possamos amar profundamente.

Pergunta do Chris:

Que tal uma tarefa? Reconheça a três pessoas hoje, dizendo a elas o que você mais admira nelas.

Inclua suas respostas no www.casacoaching.com.br

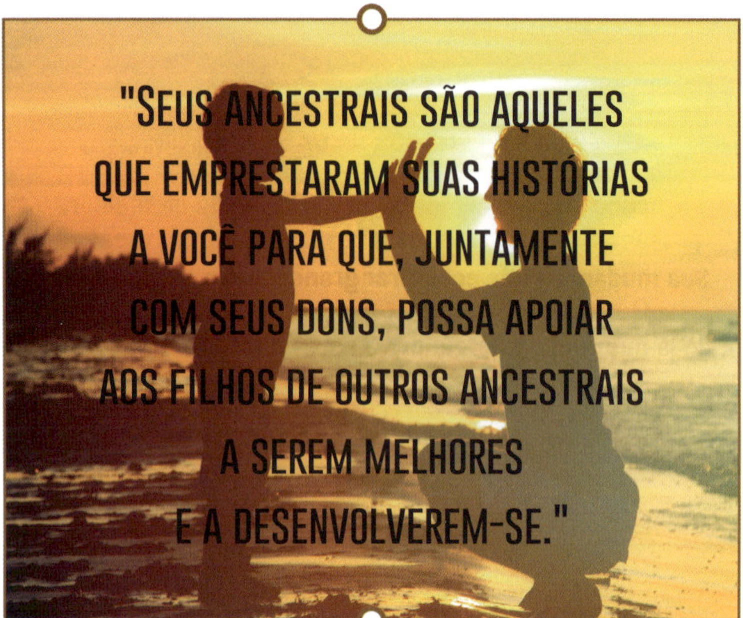

Objetivo:

____

____

____

Gratidão:

____

____

____

Aprendizado:

____

____

____

Busque honrar suas origens.

Sua mudança pode encontrar grande apoio nesse honrar.

É de lá que vem a energia extra para conseguir o que precisa.

Pergunta do Chris:

Para quem você gostaria de ligar nesse momento? Ligue. (se a pessoa não estiver mais aqui ou você não consiga falar, simule a ligação três vezes)

Inclua suas respostas no www.casacoaching.com.br

Objetivo:

Gratidão:

Aprendizado:

Ação sem fluidez não funciona.
Flua por suas ações usando palavras e emoções positivas.
O agir só gera resultados positivos se é verdadeiro.
Faça com autenticidade.

Pergunta do Chris:

Reflita sobre os três auto sabotadores mais poderosos existem em sua vida. O que você pode fazer para observar o início das ações desse auto sabotador?

Inclua suas respostas no www.casacoaching.com.br

Objetivo:

Gratidão:

Aprendizado:

Cada família, histórias de amor.
Muitas histórias de amor incondicional.
Aprendizados de dor e amor, que geraram, geram e gerarão vidas.
Família é o amor passado adiante.

Pergunta do Chris:

Qual o maior aprendizado você recebeu do seu pai? E da sua mãe? Esses aprendizados são os mesmos que passou, passa ou quer passar aos seus filhos?

____

____

____

____

____

____

____

____

Inclua suas respostas no www.casacoaching.com.br

Objetivo:

____

____

____

Gratidão:

____

____

____

Aprendizado:

____

____

____

Não há problema algum em duvidar de algo,
alguém ou de si mesmo.

Só não podemos criar esse hábito
e nem alimentar esse apego inútil.

Te diminui, nos diminui e diminui seus valores.
Pratique desapegar da dúvida. Ela só te leva a outra.

Viva de virtudes e não de dúvidas.

Pergunta do Chris:

Qual ação prática você pode tomar hoje para saber que pode confiar em si mesmo?

Inclua suas respostas no www.casacoaching.com.br

Objetivo:

Gratidão:

Aprendizado:

O que você faria para ter mais consciência?

O que você faria para ter mais tempo consciente?

Você está consciente agora?

Há quanto tempo está e por quanto tempo ficará?

Pergunta do Chris:

Que tal uma tarefa? Você está prestando atenção à sua respiração nesse momento? Acha que consegue fazer isso para viver somente o momento presente de hora em hora ao longo desse dia? Coloque seu relógio para despertar a cada hora e onze minutos. Respire prestando atenção a sua respiração por 1 minuto.

Inclua suas respostas no www.casacoaching.com.br

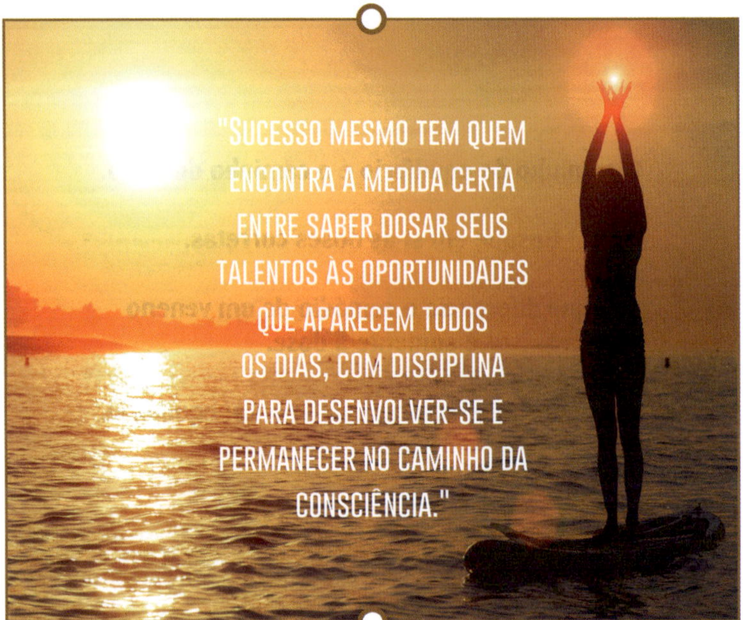

Objetivo:

Gratidão:

Aprendizado:

O caminho do equilíbrio é o caminho do meio.

Busque em si as doses corretas.

O que diferencia o remédio de um veneno é somente a dose.

Balanço, alinhamento e movimento: equilíbrio.

Pergunta do Chris:

Você conhece em si os fatores motivadores e os desmotivadores, certo? Liste 3 situações recentes que viveu e avalie a presença desses fatores. Reflita.

Inclua suas respostas no www.casacoaching.com.br

Objetivo:

Gratidão:

Aprendizado:

Eu não quero que o dia acabe bem ou mal.

Quero apenas um abraço consciente
da alma de quem mais amo.

Pergunta do Chris:

Qual a última vez que deu um abraço de 30 segundos em quem ama? Faça isso hoje por três vezes. (se não tiver alguém que ama próximo, faça com outra pessoa)

Inclua suas respostas no www.casacoaching.com.br

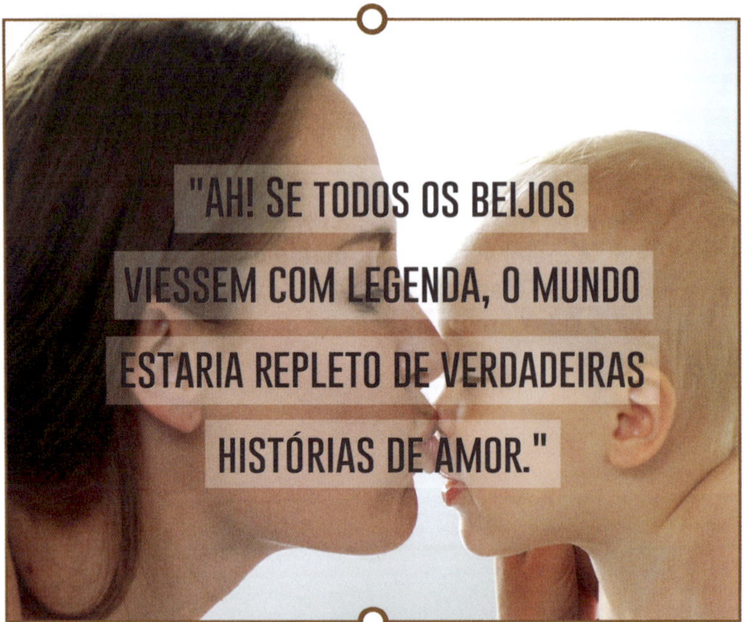

Objetivo:

____

____

____

Gratidão:

____

____

____

Aprendizado:

____

____

____

Verdade é o que se busca em si mesmo.
Se você vive da verdade, encontra a verdade.
A maior verdade do mundo é o Amor.
Sem o amor não se vive de verdade.
E o verdadeiro Amor se encontra com o correto Amar.
Amor é fim, Amar é meio.
Junte os dois e terá tudo.

Pergunta do Chris:

Se você tivesse somente uma chance de dizer o que quer sobre o grande amor que tem por uma pessoa, como faria?

Inclua suas respostas no www.casacoaching.com.br

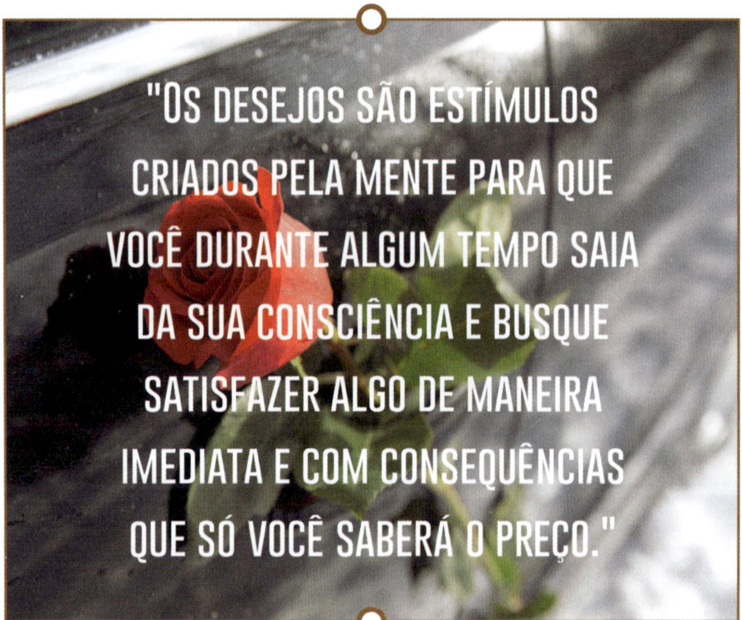

Objetivo:

Gratidão:

Aprendizado:

Não se trata do que você faz ou deixa de fazer na vida,
mas o nível de consciência ao fazer ou deixar de fazer.

Quem entende o poder de estar consciente percebe
que tudo na vida é um grande aprendizado,
independente de dor ou prazer, sombra ou luz.

Sinta as causas e não mais temerá
os sintomas e consequências.

Ressignifique.

Pergunta do Chris:

A força que você coloca para fazer as coisas corretamente é a mesma que coloca para fazer erradamente. Sabendo que há escolha, avalie em si o faz com que erre. Quer aumentar seu nível de consciência? Escreva.

Inclua suas respostas no www.casacoaching.com.br

Objetivo:

Gratidão:

Aprendizado:

Faça o Bem a todos.

**O que importa é você ser bom,
não tentar ser importante.**

Entregue-se a sua Missão.

**Deixa a vida que não tem sentido
e busque propósito em cada
pensamento, palavra e atitude.**

Pergunta do Chris:

Você controla sua mente ou sua mente controla você?

Inclua suas respostas no www.casacoaching.com.br

12 de maio

Objetivo:

Gratidão:

Aprendizado:

Avance com firmeza!
O seu mundo é seu.
Conquiste-o! Ame-o!
Seja intenso por viver sua própria vida
e as dúvidas dissiparão.
Confie em si mesmo.

Pergunta do Chris:

O que você quer desenvolver em si hoje conscientemente?

Inclua suas respostas no www.casacoaching.com.br

Objetivo:

Gratidão:

Aprendizado:

Às vezes, você se acha bom demais.
Outras, ruim demais.
Que tal aprender a se valorizar
sem se tornar arrogante?
Ache o caminho do meio.
Encontre as perguntas que te farão
mais humano e não as respostas
para que se torne super herói.
Na real? Apenas seja real.

Pergunta do Chris:

Até quando vai deixar seu ego falar por você? Escreva mais o que sua voz interior diz e perceberá que é apenas seu ego e não você dizendo. Faça isso três vezes hoje e "sinta"o poder dessas palavras. Depois pergunte-se: vale a pena mudar?

Inclua suas respostas no www.casacoaching.com.br

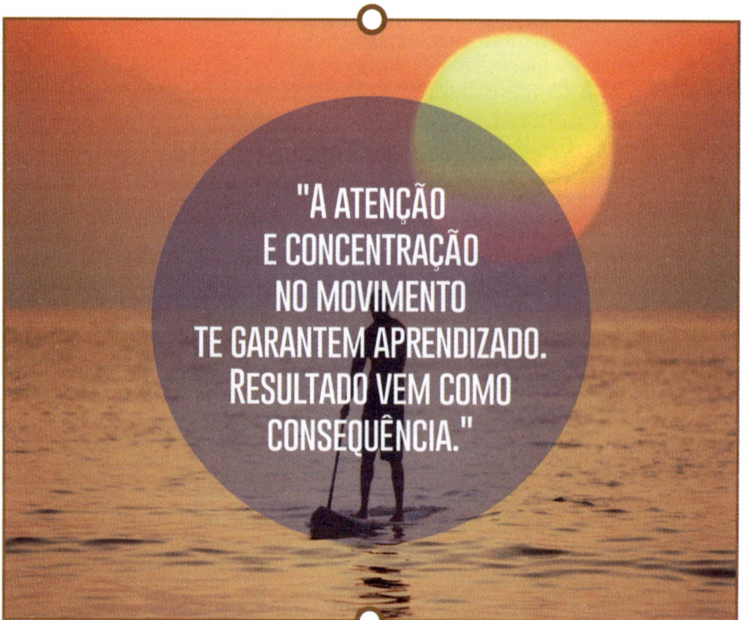

Objetivo:

Gratidão:

Aprendizado:

Causa e Efeito.
Veja a semente a ser plantada
como o fruto a ser colhido.
Antecipe as consequências dando atenção
às causas e vivendo o momento.
Permita-se sentir o sabor de comer
o fruto desde o plantio da semente.
Quando valorizamos cada passo,
amamos o fim antes dele chegar.

Pergunta do Chris:

Que tal uma tarefa? Preste a atenção hoje no modo como as pessoas se olham ao conversar. As que mais prestam a atenção são também as que mais são ouvidas? Sinta e avalie.

Inclua suas respostas no www.casacoaching.com.br

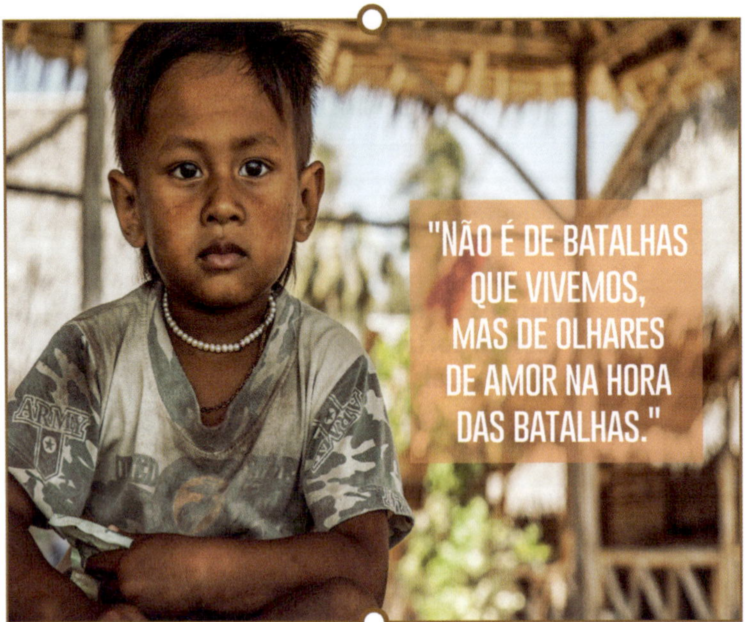

Objetivo:

____

____

____

Gratidão:

____

____

____

Aprendizado:

____

____

____

Gere e alimente-se
de emoções positivas.

**Olhares e sorrisos mudam mundos,
abrem portas e permitem que
as flores mais belas desabrochem.**

Pergunta do Chris:

Qual ato de amor e compaixão você fará essa semana para atingir pelo menos três pessoas diferentes?

Inclua suas respostas no www.casacoaching.com.br

Objetivo:

Gratidão:

Aprendizado:

Falar que alguém é incongruente é fácil.
Pergunte-se antes se você é congruente.
O que você faz é o que você fala?
O que você fala é o que você faz?
Você já julgou alguém hoje?

Pergunta do Chris:

Reflita sobre os momentos em que você está mais crítico. São seus momentos de maior prazer ou sofrimento consigo mesmo?

Inclua suas respostas no www.casacoaching.com.br

Objetivo:

Gratidão:

Aprendizado:

Alinhe-se.
Alongue-se.
Equilibre-se.
Balanceie-se.
Encontre-se.
Respeite-se.
Respire.

Pergunta do Chris:

Quando foi a última vez que fez uma avaliação médica? Quando foi a última vez que deitou no colo de alguém e recebeu cafuné? Hoje ainda, marque o médico caso tenha mais de um ano sem fazer *check up* e, deite no colo para receber o cafuné caso mais de uma semana.

Inclua suas respostas no www.casacoaching.com.br

Objetivo:

Gratidão:

Aprendizado:

Tenha o amor maior do mundo: por si mesmo.
A partir disso, conseguirá amar a todos os que deseja
amar e também aos que precisa aprender a amar
para aprender a aprender.

Todos podem te ensinar: quem te ama e quem não te ama.
Aceitar que se pode mudar e melhorar é incrível.
Aprender a aprender é o começo.

Pergunta do Chris:

Liste 5 dos seus pontos fracos. Veja qual deles tem a ver com a falta de amor você tem por si mesmo. Qual atitude de amor pode tomar para transformar cada ponto?

Inclua suas respostas no www.casacoaching.com.br

Objetivo:

Gratidão:

Aprendizado:

Para que você se torne quem deseja ser,
basta começar a ser essa pessoa hoje mesmo.

Tenha sonhos, pensamentos, objetivos
e atitudes dessa pessoa que quer ser e verá
que antes que imagine você passará a ser esse outro você.

Pergunta do Chris:

Liste as 3 habilidades e 3 competências você mais curte em si mesmo. Quais dessas você quer que estejam no seu futuro? Como pode desenvolver cada uma?

Inclua suas respostas no www.casacoaching.com.br

20 de maio

Objetivo:

Gratidão:

Aprendizado:

Há alguns dias, acordo pensando em "quem já fiz feliz nessa vida". Contei para alguns amigos que disseram que é uma pergunta poderosa. Conversamos muito sobre isso e cada um veio com seus "números". Um amigo mais descolado e solteiro disse que faz feliz muitas pessoas, a começar pelas "escolhidas" dele no momento. Outro, disse que faz feliz a esposa, há mais de 15 anos, no seu casamento.

Uma amiga disse que a prioridade dela é fazer a filha feliz. Houve ainda uma outra que disse que faz pessoas felizes fazendo o Bem sempre a muitas pessoas. Depois dessas respostas, perguntaram: e você?

Eu disse que vinha refletindo muito sobre isso mas que a minha resposta era: faço feliz a mim mesmo, mas nem sempre. Todos ficaram tentando entender. Uma amiga perguntou: e as outras pessoas? Não se acha egoísta fazendo isso? Um amigo disse que eu estava certo, pois sempre em nossas conversas falamos que ninguém faz ninguém feliz. Que você só é capaz de fazer você feliz. A felicidade é interna e pessoal.

Ela olhou sem concordar e insistiu: se a felicidade é interna, o amor também é interno, logo, quando amamos alguém, o fazemos feliz. A outra amiga emendou: e se não for assim, por qual motivo casei?!?!

Demos uma boa risada. Ia responder quando o primeiro amigo, ainda calado, disse: se eu pensar que fazer pessoas felizes é minha obrigação, não viverei minha vida para viver a vida de outros. Adorei a conversa. Agradeci a todos. Obviamente, não os respondi, pois queria meditar e refletir sobre o que falamos. Quase me mataram, mas sei que lerão esse texto e ficarão rindo e mais alegres.

Vou colocar em itens para ficar mais fácil de visualizar:

1) Independente de quem você é, sua grande vontade nesse planeta é parar de sofrer e ser feliz;

2) A felicidade está dentro de você e somente você pode acessar sua felicidade;

3) Sua missão nesse planeta é apoiar pessoas e fazer o Bem, pois somos interdependentes. A partir daí, você a inspira para que busque sua própria felicidade;

4) Pessoas positivas têm muito mais chance de serem felizes que pessoas negativas, pois estão mais atentas ao momento em que vivem e não vivendo no passado ou no futuro;

5) Pessoas negativas veem o lado mal de tudo, pessoas positivas veem o lado bom de tudo. A felicidade não está no todo e sim numa parte;

6) Quando buscamos crescer, desenvolver e evoluir, aumentamos a consciência, logo, passamos a ver felicidade mais de perto, pois no verdadeiro estado de consciência vemos de dentro de nós mesmos para fora e não de fora para dentro;

7) A felicidade é tão simples que, às vezes, não acreditamos nela. É preciso perseverar, crer e ter a atitude de buscar essa felicidade, passe o que passe;

8) A felicidade é simples, mas não é fácil. Não seriam tantos livros, filmes e pessoas buscando no mundo o tempo todo a felicidade. O mundo é dentro, não fora.

9) Comprometa-se com sua felicidade. Quando você esquece de buscar isso, esquece de si mesmo e passa a sobreviver e não a viver sua própria vida. Busque o tempo todo ser feliz e verá que tudo mais passará a ter sentido;

10) Alegria, contemplação e significado: esse são os três pilares de felicidade na minha visão.

Espero que isso tudo faça sentido para você.

Espero ainda que você permita-se sentir.

Não concorde, discorde ou seja indiferente antes de refletir por 5 minutos sobre o que leu.

Você busca se fazer feliz?

Pergunta do Chris:

Como você avalia os dez pontos que o autor colocou? Servem para você?

Inclua suas respostas no www.casacoaching.com.br

Objetivo:

Gratidão:

Aprendizado:

Esteja presente no seu dia e não precisará
viver as batalhas de ontem e nem as de amanhã.
Cada coisa acontece no seu tempo certo.
Se foi, chama-se passado: desapegue.
Se virá ainda, chama-se futuro: desapegue.
Viva no seu presente e receberá presentes hoje e sempre.
Só existe a Verdade da Paz no hoje.
Seja o Hoje apenas.

Pergunta do Chris:

Que tal uma tarefa? Abra sua gaveta e tire 10 coisas que não precisa. Abra seu armário e faça o mesmo. Em sua mesa de trabalho, o mesmo. Doar é desapegar ajudando a outro.

Inclua suas respostas no www.casacoaching.com.br

Objetivo:

Gratidão:

Aprendizado:

Ame suas ideias e viva por seus ideais.
Tempo de criar, de fazer e de ver acontecer.

Luz e Paz!

Quantos exemplos positivos existem
em você para inspirar a outros?

Pergunta do Chris:

Qual exemplo positivo você passa para as pessoas? Pequeno ou grande, reflita. Respire.

Inclua suas respostas no www.casacoaching.com.br

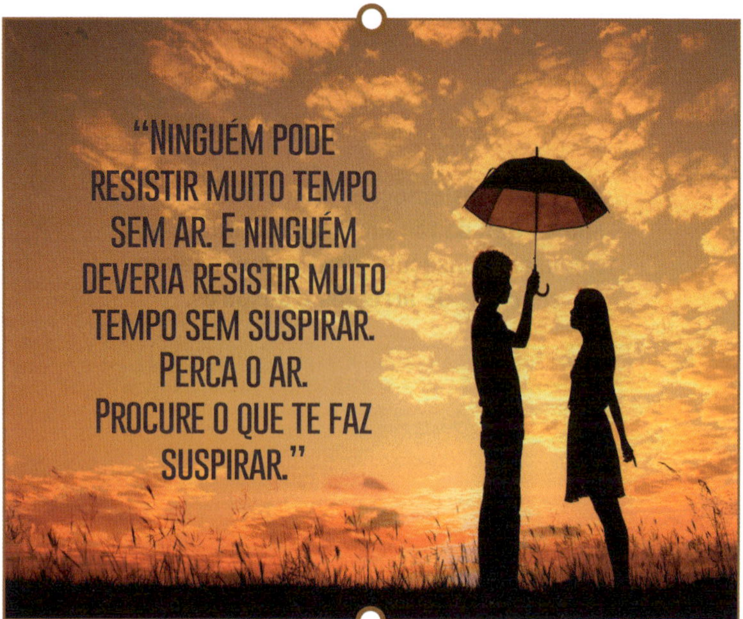

Objetivo:

Gratidão:

Aprendizado:

De todas emoções as melhores
são as que de tão intensas e profundas,
te causam sensações no corpo e na alma,
seguidas de arrepios e suspiros.

Você tem vivido isso?

Pergunta do Chris:

Qual volume de água tem bebido diariamente? Tem algum medidor de fluidez pessoal para acompanhar isso?

Inclua suas respostas no www.casacoaching.com.br

Objetivo:

____

____

____

Gratidão:

____

____

____

Aprendizado:

____

____

____

Nada é de ninguém.
Todas as situações são transitórias.
Tudo passa e é impermanente.

Inclusive amores, amados e amantes.

A ilusão de ter um amor te faz
apenas com medo de amar de verdade.

Pergunta do Chris:

Há relógios parados em sua casa? O tempo está parado na sua vida, como está neles, sabia? Isso chama-se energia estagnada. Coloque bateria ou doe-os. Desapegue do tempo passado para abrir espaço para o presente.

Inclua suas respostas no www.casacoaching.com.br

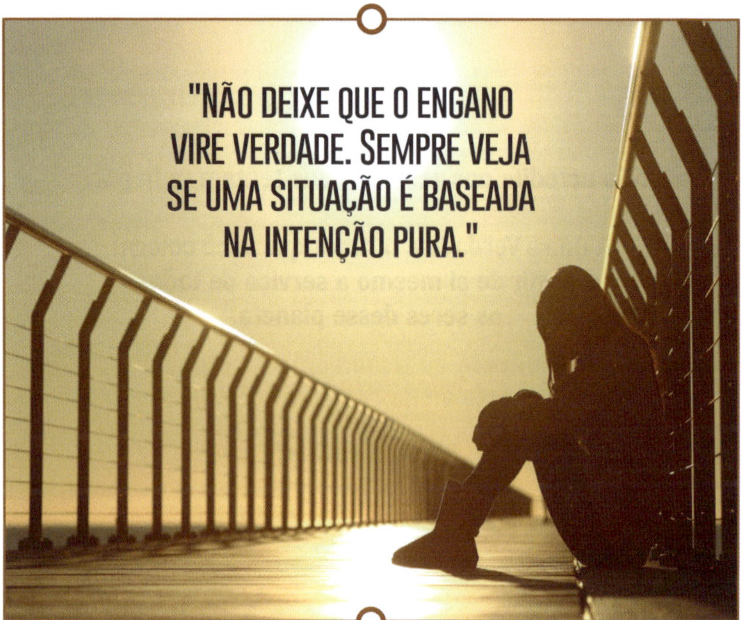

Objetivo:

Gratidão:

Aprendizado:

Honre cada passo.

Não acredite nas verdades que tentam te impor.

A única Verdade é o Amor que você coloca a partir de si mesmo a serviço de todos os seres desse planeta.

A Verdade está no seu amor.

Alguma dúvida?

Pergunta do Chris:

Qual o seu maior medo: não ser amado; não ser aceito ou não ser reconhecido? O que pode fazer hoje para colocar amor sobre esse medo?

Inclua suas respostas no www.casacoaching.com.br

Objetivo:

Gratidão:

Aprendizado:

**Busque o simples e encontrará
as melhores ferramentas
para conseguir seus maiores sonhos.**

O primeiro passo é acalmar a mente.

**Há lugar melhor e mais seguro
para se estar que dentro de si mesmo?**

Pergunta do Chris:

Você tem disciplina de meditação? Vale a pena aprender práticas simples sobre isso? Procure dicas com o autor sobre *Mindfulness.*

Inclua suas respostas no www.casacoaching.com.br

Objetivo:

Gratidão:

Aprendizado:

Aceitar mais a si mesmo te possibilita aceitar ao outro.

Amar mais a si mesmo te possibilita amar o outro.

Reconhecer mais a si mesmo te possibilita reconhecer o outro.

De si mesmo para alguém. De dentro para fora.

É assim que geramos a sustentabilidade de ações, palavras e pensamentos.

O que você faz, pensa e fala pode ser sustentado?

Pergunta do Chris:

Qual o período do dia você fica mais impaciente ou ansioso? Tem se alimentado bem e bebido bastante água nas três horas anteriores a esse período?

Inclua suas respostas no www.casacoaching.com.br

28 de maio

"TER RESPONSABILIDADE SOBRE SUAS PALAVRAS, PENSAMENTOS E AÇÕES É O PRIMEIRO PASSO PARA HONRAR SUA VIDA DE EVOLUÇÃO."

Objetivo:

____

____

____

Gratidão:

____

____

____

Aprendizado:

____

____

____

Honre sua vida.

Honre a vida humana.

Honre a todos os seres.

Assuma a responsabilidade por seus atos.

Você tem feito contato
com sua natureza interna?

E com a natureza?

Pergunta do Chris:

Que tal uma tarefa? Lave o rosto e as mãos pelo menos uma vez a cada período do dia. Concentre-se no que há de mais puro em você enquanto fizer isso.

Inclua suas respostas no www.casacoaching.com.br

Objetivo:

Gratidão:

Aprendizado:

Ser o super herói para alguém é desafiante.

Busque ser o melhor exemplo e inspirará pessoas.

Seja você um grande exemplo sempre.

**Não precisa ser completo,
mas deixe sua marca pessoal de um bom exemplo.**

Quantas pessoas já te agradeceram por sua ajuda esse ano?

Pergunta do Chris:

Qual o nome das três pessoas que você mais tem gratidão? Por qual razão tem a gratidão?

Inclua suas respostas no www.casacoaching.com.br

Objetivo:

Gratidão:

Aprendizado:

A energia positiva é a responsável por manter as mudanças.

Pessoas positivas, além de sorrirem e divertirem-se mais, são capazes de curarem a si e aos demais.

Pois é de gargalhadas que nasce a verdadeira cura interior.

Já pensou em aumentar sua energia positiva?

Pergunta do Chris:

O que pode fazer hoje conscientemente para rir da vida?

Inclua suas respostas no www.casacoaching.com.br

Objetivo:

____

____

____

Gratidão:

____

____

____

Aprendizado:

____

____

____

Todos os anos, tenho um encontro marcado. Esse encontro representa a ida ao ponto mais profundo que existe em mim, ao Espaço Sagrado Interno. É a conexão com minha Essência.

Durante muito tempo, não entendia bem a razão de fazermos aniversário. Achava que pessoas curtiam muito o aniversário por gostarem apenas de festa ou por serem egocêntricas. Pensava ainda em outros que não curtiam, pois tinham dores, crenças e lamentações de outros tempos que se afloravam nesse dia. Em ambos os casos, tudo tem a ver com a Luz. Sim, com a Luz. Independente de gostar ou não de fazer aniversário, nesse dia o aniversariante tem sua Luz podendo funcionar no ponto máximo. Além disso, com um pouco de prática, ele é capaz de focalizar essa Luz no ponto que deseja iluminar ou mesmo tirar das sombras.

Compreendo então que, no dia do aniversário, a pessoa está bem mais em contato com seu Espaço Sagrado Interno, no auge da sua conexão com a própria Luz e também com a fonte máxima de Luz do planeta e sua espiritualidade. Independente da religião ou crença, nesse dia a pessoa simplesmente está conectada a algo maior. A conexão com o Espaço Sagrado Interno é algo que que existe desde um tempo sem princípio. Pessoas podem encontrar significados incríveis no dia do seu nascimento e aprenderem a gostar por uma razão justa, digna e com intenção pura desse dia.

Quando a pessoa entende o princípio da sua conexão com o planeta nesse dia e, ainda, a razão pela qual nasceu nesse dia, começa a sentir que sua Missão nessa vida possui um sentido bem mais que especial, único.

Pois bem, chegou o dia da minha conexão com o Espaço Sagrado Interno.Honro a todos que fizeram, fazem e farão parte da minha vida. Vocês são sempre muito bem-vindos! Honro ainda quem me faz sentir, sorrir e chorar e a cada dia poder aprender e aprender mais.

Hoje te convido a ir a esse Encontro Marcado comigo. Te convido a ir comigo ao meu Espaço Sagrado Interno para meditarmos juntos pela preciosa vida humana que temos e por todos os seres lindos desse planeta. Vamos meditar?

Peço que conecte por 60 segundos comigo, de olhos fechados, respiração profunda e calma e procure não pensar em nada. Simplesmente deixe os pensamentos passarem. Não se apegue a nenhum pensamento. Deixe-os fluir.

Imagine por um minuto estar dentro do seu Espaço Sagrado Interno em contato com o meu Espaço Sagrado Interno. Flua por esse Espaço. Ao acabar essa meditação incrível, dê seu sorriso mais gostoso e coloque as mãos no seu coração. Estaremos juntos nesse momento oferecendo essa energia do Bem ao planeta. Temos esse acordo de meditar?

Por fim, nesse dia especial e maravilhoso, quero dizer um obrigado intenso aos que acreditam no poder da mudança e da própria mudança. Meu Sonho é fazer com que pessoas possam mudar através da sua própria elevação de consciência e a manterem a mudança com base em algo que as conecta com sua Missão. Então, obrigado a você que lê esse texto. Acha que há alguém que valeria a pena ler esse texto? Convide pessoas a ler e a conectarem-se conosco.

Saiba que eu sei que você pode mudar. Eu sei que você consegue mudar. E eu confio no seu grande e maravilhoso poder de mudar sua vida para que, assim, possa apoiar outras pessoas a serem melhores, a crescerem e a serem quem nasceram para ser.

Amo e honro meu Sonho de apoiar pessoas. Honro também o seu Sonho. Preciso de pessoas que me ajudem nesse Sonho. Posso contar com seu apoio? Caminharemos pelas montanhas da evolução!

Eu ousei e mudei. Ouse mudar-se.

Pergunta do Chris:

Como você avalia o autor em três palavras? Escreva nas mídias sociais, por favor.

Inclua suas respostas no www.casacoaching.com.br

Objetivo:

Gratidão:

Aprendizado:

Ser hoje quem se quer ser no futuro.

Isso é congruência e respeitar seu destino.

Atitude em sentir e decisão em ser.

Pergunta do Chris:

Faça um aviãozinho ou barquinho de papel. Quem você quer presentear com sua obra? O que está esperando para fazê-lo?

Inclua suas respostas no www.casacoaching.com.br

Objetivo:

Gratidão:

Aprendizado:

Faça seu dia entrar para a História.
Seja sua melhor versão durante as próximas 24 horas.
Viva intensamente.
Não reclame de nada e nem ninguém.
Busque pensar somente no Positivo.

Pergunta do Chris:

Que tal uma tarefa? Toda vez que você reclamar, murmurar, falar mais de algo, alguém ou de alguma situação, mude um mesmo anel de mão. No caso dos homens ou de não ter anel, pode colocar um elástico no pulso e mudar de punho a cada vez.

Inclua suas respostas no www.casacoaching.com.br

Objetivo:

____

____

____

Gratidão:

____

____

____

Aprendizado:

____

____

____

Silêncio.
Sem ele você não consegue ouvir
a quem realmente precisar ouvir, sua Essência.
Pare de buscar fora o que sempre esteve dentro de você.

Pergunta do Chris:

O que mais vem a sua mente enquanto medita? Qual pensamento é esse? Reflita e analise-o após meditar.

Inclua suas respostas no www.casacoaching.com.br

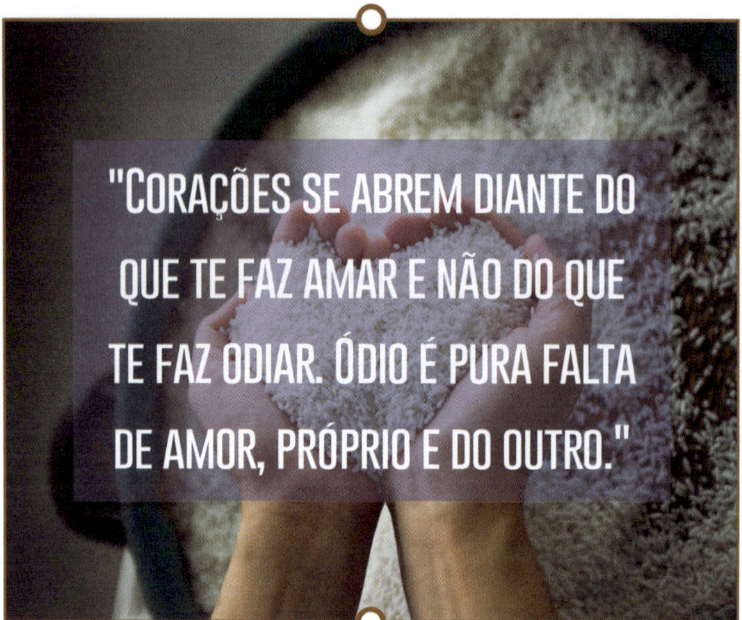

Objetivo:

Gratidão:

Aprendizado:

É no Amor próprio que está o primeiro passo para Amar aos outros.
Sem se amar o amor ao próximo não é verdadeiro.

Pergunta do Chris:

Qual o seu sabor e cheiro preferidos? Desperte essas sensações em você hoje.

Inclua suas respostas no www.casacoaching.com.br

Objetivo:

Gratidão:

Aprendizado:

Viva o hoje e terá resultados.
Viva no ontem ou no amanhã e terá apenas depressões e ansiedades.
É no hoje que se faz a verdadeira vida.
Corra que a vida vem aí.

Pergunta do Chris:

Quais cores terão no seu prato durante as refeições hoje?

Inclua suas respostas no www.casacoaching.com.br

Objetivo:

Gratidão:

Aprendizado:

Encontrar-se consigo mesmo. Que tal?!
Vale a pena buscar em si o que sempre buscou fora?!
Se a resposta for sim, você está no caminho certo.
Se não, a hora de mudar esse caminho é agora.

Pergunta do Chris:

Conhece o que é *Mindfulness*? E se você aprendesse de maneira simples e prática a estar consigo mesmo em meditação?

Inclua suas respostas no www.casacoaching.com.br

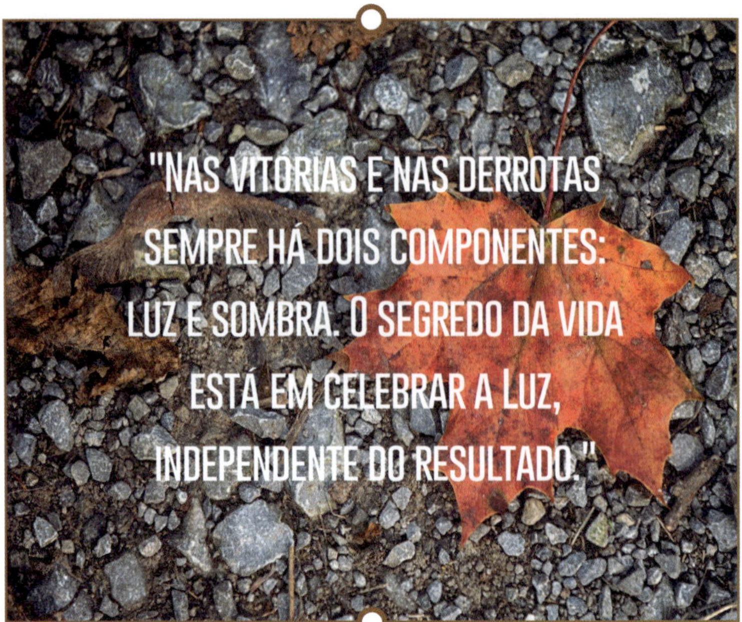

Objetivo:

Gratidão:

Aprendizado:

Quando você entende que não se trata de quanta luz há a sua volta, mas de quanta luz você irradia a tudo e todos a sua volta, aprende a sentir que o Caminho da Verdade é o de servir e contribuir.

Pergunta do Chris:

Qual cor está vestindo hoje e o que ela representa para você?

Inclua suas respostas no www.casacoaching.com.br

Objetivo:

Gratidão:

Aprendizado:

Obrigado, obrigado, obrigado!

Um sonho realizado é como receber um cafuné de Quem mais amamos, é ter contato com Quem nunca pudemos ver, é sentir um abraço de Quem nos criou, é ser congruente com nossas palavras, pensamentos e ações, respeitando a Palavra ou o que chamamos de Caminho.

Honre quem deve ser Honrado.

Ouse ser e viver seu maior Sonho: Você!!!

Pergunta do Chris:

De 0 a 10, quanto você gosta de mudar? Há algo simples que possa ser mudado no seu comportamento com alguém hoje?

Inclua suas respostas no www.casacoaching.com.br

Objetivo:

Gratidão:

Aprendizado:

Autorresponsabilidade!
Sim, ter o engajamento a sua própria vida
e não somente da dos outros.
Assuma a responsabilidade, lute pelos seus ideais,
objetivos e sonhos como luta para conseguir
um sorriso de aprovação de quem você ama.
Não tenha medo de errar, mas busque incessantemente o fazer!
No meio desse caminho, perceberá que os sorrisos dos outros
tornam-se maiores, mais intensos e até mais verdadeiros na medida
em que você passa a ser líder da própria vida.
Resultados são consequência de atitudes e de uma vida de sorrisos.
Tire as máscaras e os sorrisos aparecem.

Pergunta do Chris:

Com quem você gostaria de tomar um café hoje? Qual seria a melhor pergunta para iniciar uma boa conversa e falar de vida?

Inclua suas respostas no www.casacoaching.com.br

Objetivo:

Gratidão:

Aprendizado:

O medo só é grande se você pensa
que ele vai existir amanhã.

Todo medo só dura o instante em que você pensa.

Nem um segundo, nem um momento a mais.

Para acabar com medos só há um jeito: a-t-i-t-u-d-e!!!

O medo tem medo de quem tem atitude.

Pergunta do Chris:

Qual dia dessa semana entrará em contato com a natureza? Coloque os pés descalços no chão. Sinta a terra.

Inclua suas respostas no www.casacoaching.com.br

Objetivo:

Gratidão:

Aprendizado:

Vai começar o maior espetáculo da terra.
Esse espetáculo só recebeu esse conceito,
pois, durante muitos e muitos tempos, sonhamos,
imaginamos e criamos mentalmente.
Continue visualizando seus objetivos,
pois quem sente antes vê com certeza.
Seja o sonho de entregar a você sua essência de criança.

Pergunta do Chris:

Que tal uma tarefa? Qual é seu maior objetivo na vida nesse momento? Escreva-o. Agora, fique sentado, feche os olhos e visualize-se conseguindo realizar esse objetivo. Imagine quais sensações terá no seu corpo, como estará vestido, qual perfume usará, como as pessoas te olharão. Olhe para seu rosto, como se você estivesse vendo essa situação de fora, como num filme. Como você estará? Faça isso uma vez por dia nos próximos 7 dias e me conte o que tem sentido.

Inclua suas respostas no www.casacoaching.com.br

Objetivo:

Gratidão:

Aprendizado:

E se der medo,
coloque amor e vá.

E se o medo continuar,
aumente a dose de amor.

E se ainda assim o medo insistir
em se fazer presente, diga a ele que seu amor
é o maior amor do mundo.

O medo se dissolve quando há amor verdadeiro.

Pergunta do Chris:

Qual atitude de amor você pode colocar nesse dia para que ganhe energia para realizar o que precisa ser realizado?

Inclua suas respostas no www.casacoaching.com.br

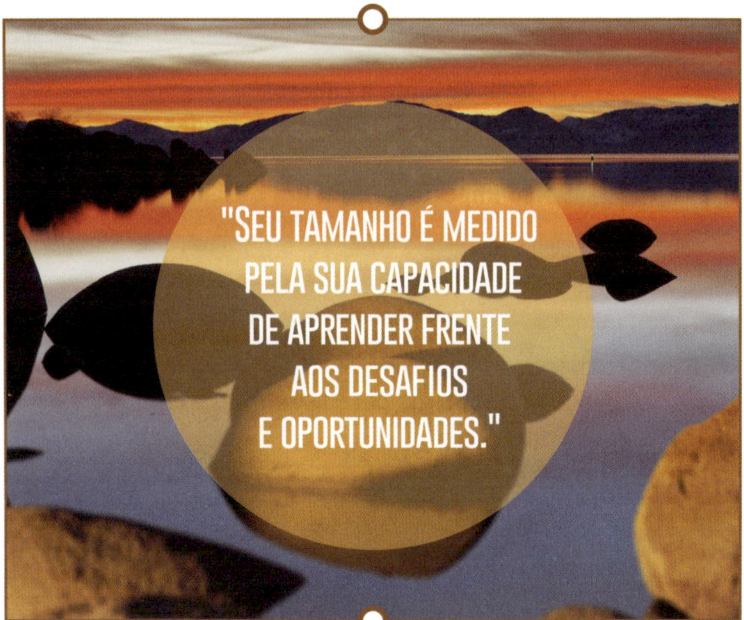

Objetivo:

Gratidão:

Aprendizado:

Levante a cabeça!
O objetivo final é sempre aprender.

Não importa se com um desafio
ou com uma oportunidade.

Aprenda, aprenda, aprenda.

E independente do resultado, lembre-se que ao aprender
você gera energia para seguir em frente.

Todo dia é o melhor dia para aprender algo novo.

Pergunta do Chris:

O que quer aprender hoje para ajudar pessoas?

Inclua suas respostas no www.casacoaching.com.br

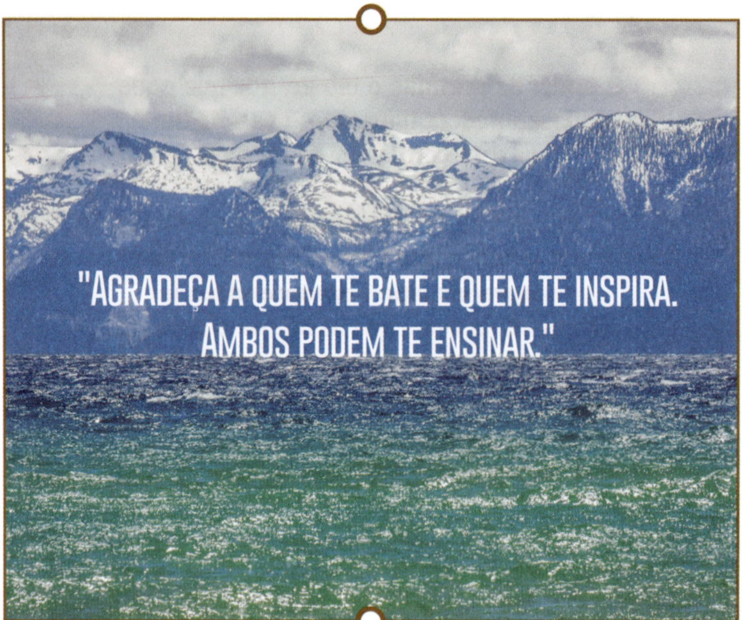

Objetivo:

Gratidão:

Aprendizado:

O poder da gratidão é tão grande que pode te fazer crescer tanto com quem te bate quanto com quem te oferece apoio quando precisa.

Entender que independente do que aconteça na sua vida, o mais importante é sempre aprender com as situações e que assim você assume a responsabilidade por viver a vida e não apenas sobreviver a ela.

Agradeça do início ao fim.

Pergunta do Chris:

Qual o nome ou inicial do nome do seu maior desafeto? Reflita sobre o que essa pessoa representa na sua vida e o que você tem a aprender com ela. Faça isso sem ego, assumindo a responsabilidade. Quer começar a mudar o que sente em relação a você e ela? Agradeça-a uma vez por hora que estiver acordado hoje.

Inclua suas respostas no www.casacoaching.com.br

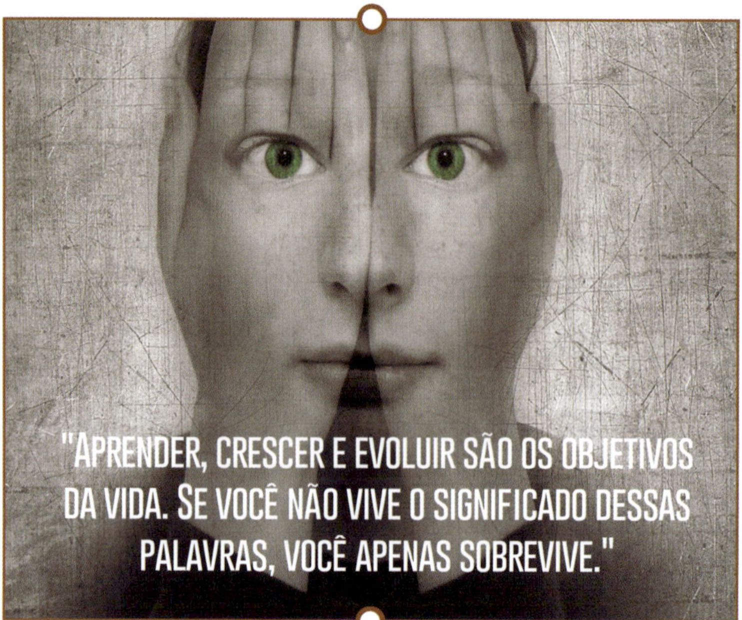

Objetivo:

Gratidão:

Aprendizado:

Vivendo e aprendendo sempre.
Frase antiga e poderosa.
Se você não aprende, você vai repetir o ciclo até aprender.
Ciclos da vida e ciclos na vida: aprenda-os e seja mestre.
Não aprenda e os repetirá.

Pergunta do Chris:

Que tal uma tarefa? Faça uma lista de 10 coisas que estão inacabadas em sua vida. Desde as mais simples até as mais complexas. De hoje a dez dias, você deve acabar com todas elas. Temos um acordo?

Inclua suas respostas no www.casacoaching.com.br

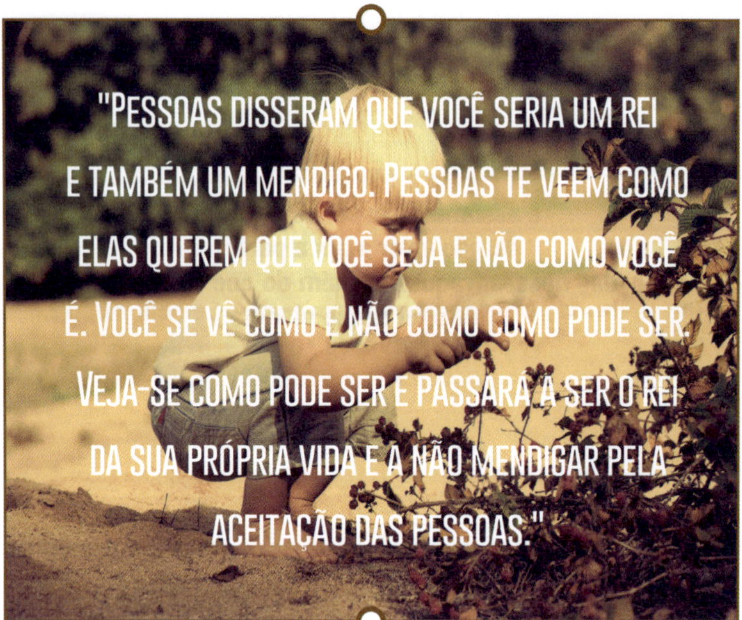

Objetivo:

____

____

____

Gratidão:

____

____

____

Aprendizado:

____

____

____

**Entender a Missão e Sonho
é assumir a responsabilidade
de não viver mais a partir
das nossas fraquezas e sim do que viemos
fazer aqui nesse planeta.
Tenha Propósito em cada movimento
e cada movimento será Divino.**

Pergunta do Chris:

Qual o propósito do seu dia? O que quer realizar que está mais alinhado com sua Missão nesse planeta?

____

____

____

____

____

____

____

____

____

Inclua suas respostas no www.casacoaching.com.br

Objetivo:

Gratidão:

Aprendizado:

Pensar, falar e agir com base no positivo
te faz não só atrair mais coisas positivas mas também
a ser mais feliz e conseguir mudar o que precisa ser mudado
profunda e decididamente.
E se você ainda não está assim, acredite!
Todos podem tornar-se positivos.
Foco no positivo!
Ajustar esse foco, esse é o melhor desafio.

Pergunta do Chris:

Qual emoção positiva te faz arrepiar? Consegue criar outra *momentum* assim hoje?

Inclua suas respostas no www.casacoaching.com.br

Objetivo:

Gratidão:

Aprendizado:

Amor, Verdade e Lealdade.
Valores de quem sente, não de quem pensa.
Viver e sentir seus Valores te faz alcançar sensações,
entendimentos e até a evolução.
Mostre a quem ama o que você sente e mostre a si mesmo
o quê e como você se sente em relação a seus atos
e em relação a permitir os atos de outras pessoas.
Purifique seus sentimentos.

Pergunta do Chris:

Você sabe pedir desculpas com o coração? A quem precisa pedir desculpas ainda essa semana?

Inclua suas respostas no www.casacoaching.com.br

Objetivo:

Gratidão:

Aprendizado:

Abra a janela da sua vida
e sinta o vento bater forte em seu rosto.
Já reparou a música
que vem com esse vento?!
Já reparou que quando sentimos
em nosso rosto algo, conseguimos ver além?!
Intensifique as vezes que você
percebe a si mesmo curtindo as belezas do mundo.
Sinta a beleza de tudo.

Pergunta do Chris:

Que tal meditar de olhos abertos apenas contemplando as belezas da natureza e também o que o homem construiu com sua genialidade? Faça isso por 2 minutos em 2 diferentes locais.

Inclua suas respostas no www.casacoaching.com.br

Objetivo:

Gratidão:

Aprendizado:

Ame mais e fale menos.
Ame mais e reclame menos.
Ame mais e pense menos.
Ame mais e viva mais.
Ame mais e divirta-se mais.
Ame mais e compartilhe mais.
Ouse ser o Amor.

Pergunta do Chris:

Como você avalia sua capacidade de amar no dia de hoje? Maior ou menor que no dia 20 de março? Me conte, pode?

Inclua suas respostas no www.casacoaching.com.br

Conclusão

"A maioria das pessoas que conheci ao longo da vida apenas sobrevive. Viver é uma arte tão grande que só é permitida a seres humanos geniais e ousados a ponto de deixarem de lado seu Ego para encontrarem com sua Essência. É o encontro de quem não tem medo de ser médio, de quem não tem medo de ser o que dizem para ser e, é capaz de buscar intensamente a sua verdadeira consciência maior."

Parei e refleti após ter escrito e lido diversas vezes essa frase. Estaria sendo duro com as pessoas que não buscam incessantemente sua consciência, com os "turistas dessa vida," como as vezes me refiro? O aforismo bateu forte no meu coração e na minha consciência. Viver é o que todos queremos. Mas o apenas existir é, em grande parte, a resposta para muito de nossa dor.

Acredito que vivemos para bem mais, viemos para bem mais. Entendo que sementes estão aqui para serem plantadas. Se não forem colhidas nessa vida, quem sabe numa próximo o serão? O Ego é o que sempre me deixava angustiado de não conseguir "mudar pessoas". Brigava comigo mesmo por não conseguir mudar, ajudar, apoiar ou mesmo inspirar pessoas. Descobri uma coisa que repasso neste momento a você leitor: só consegui ser inspiração quando me tornei ousado o bastante de ser eu mesmo, com meus medos, minhas vulnerabilidades.

Passei a encontrar comigo bem mais internamente e com isso, passei a ser o exemplo, ainda que em parte, a pessoas que liam, seguiam, compartilhavam ou mesmo me viam como tal. E assim senti, que é mais que entender, que o Bem se fez e que pude experienciar algo que sempre tive medo: ser eu mesmo.

Seja como for, queremos deixar a nossa marca neste planeta e nesta vida. Queremos, especialmente, fazer a diferença na vida das pessoas à nossa volta e para nós mesmos. E não há como fazer isso sem melhorar sempre, sem construir a cada dia novos aprendizados. Sem considerar o próprio crescimento, mais que um desafio, como uma missão.

Logo, meus primeiros agradecimentos são para o compromisso, a confiança e a disciplina. Por ter tido a companhia de vocês ao meu lado pelo caminho, e por contar com a atenção, confiança e a leitura de vocês agora. Muito obrigado, leitor, pela viagem que fizemos juntos até aqui – e que ainda não acabou.

Posso dizer que são duas as coisas que mais quero com este livro: que você goste, e que ele lhe seja companheiro nessa missão. Eu espero que, durante a estação, você tenha se inspirado com as mais de 90 reflexões diárias que compartilhei aqui. Que você tenha trabalhado em todas ou escolhido suas favoritas, o mais importante é que os pensamentos registrados neste Diário de Coaching o tenham feito entrar em contato consigo mesmo e com seu processo de crescimento.

Como disse no início do livro, grande parte de "Ouse Mudar-se" é, naturalmente, autobiográfica. Isso vale tanto para o conteúdo quanto para ideia em si, de trabalhar diariamente em pensamentos que pudessem me levar a um ponto adiante. Minha vontade de ser melhor hoje do que eu era ontem vem desde a adolescência, e é de lá que guardo a reflexão como um hábito diário, como minha primeira atividade da manhã, todas as manhãs.

Ainda assim, a decisão de me abrir nesta publicação exigiu coragem. E ela tanto foi processo como foi solução. Foi preciso me expor, abrir mão de certas seguranças e certos confortos, me arriscar, enfim. Durante o outono em que compartilhei meus escritos, no ano passado, pude especialmente crescer e aprender com as interações que as redes sociais me proporcionaram.

Foi um prazer enorme ver meus pensamentos ganharem tantas leituras, tantas novas cores a partir das perguntas, respostas, comentários e dúvidas de tantos e tão diferentes interlocutores. De tal forma que publicar os posts era apenas um pedaço do todo: a interação sobre a reflexão acabava por ser a grande reflexão em si.

E o resultado foi uma jornada maravilhosa na companhia de pessoas incríveis. Foi com a ajuda de muitos de vocês, que me leram, me aceitaram e que também se permitiram refletir comigo que este livro é hoje uma realidade.

Exercitando o cérebro

Apesar de imaterial e invisível, o pensamento é como um músculo que se fortalece ao ser exercitado. E um pensamento forte e resistente é igualmente capaz, mantendo a analogia, de levar a pessoa mais longe.

Meu hábito de refletir me fez mais forte durante a vida, e é também por isso que resolvi compartilhá-lo. Essa foi a minha jornada, e ela está aqui para você ler, usar, recorrer, recordar, pesquisar, refletir.

Escrevi este livro para compartilhar com o leitor o hábito que, na minha vida, ocupa o lugar de uma ferramenta, um instrumento que há tantos anos faz parte do meu crescimento pessoal, profissional e espiritual. E que agora eu dedico a você, no desejo de que essa ferramenta seja para você o que ela foi para mim: que sirva de roteiro, aponte caminhos, e que forneça exercício e suporte ao longo da sua caminhada. A caminhada por se tornar, a cada dia, uma versão melhor de si mesmo. Além disso, o livro também é ótimo como símbolo de outro tema que tão importante foi durante todo o outono: o encerramento de ciclos.

Conceito, projeto e produto realizado. "Ouse Mudar-se" foi imaterial no período em que era só uma ideia, foi virtual enquanto estava sendo produzido e vivido na rede, e agora existe sólido no papel. Assim como tantos são os momentos dos quais falo em toda a publicação, o livro é, ele também, um ciclo que comecei e terminei, e do qual trago o fundamental do seu "durante": o aprendizado.

Eu e este livro defendemos o desapego e sua importância. Enfrentar os diversos medos (do novo, da falha, de ficar sozinho, entre outros), deixar coisas, pessoas e momentos partirem. Em especial, reconhecer quando somos nós mesmos as âncoras que seguram barcos que já deveriam ter partido.

"Ouse Mudar-se", leitor. Deixe que as reflexões sobre o papel das mudanças e perdas amadureçam naturalmente, como o processo de queda das folhas. Que você encontre neste livro a ferramenta e o suporte que precisa para deixar suas folhas caírem, para que novas e melhores folhas possam nascer.

O apego, a necessidade de querer persistir e o medo de ficar só muitas vezes fazem com que ciclos nunca se fechem. Porém, bom ou ruim, todo processo tem algo a nos ensinar. E estar disposto a aprender é o primeiro passo a ser dado.

Quando alcançamos o aprendizado, compreendemos os significados, papéis e reais motivos de pessoas, situações ou fatos fazerem parte da nossa vida, sentimos claramente nosso papel e missão nesse planeta. É nesse momento que estamos prontos a encerrar esse ciclo. É quando nossa energia não mais atrai certos tipos de pessoas, fatos ou situaçoes. Porque aprendemos. Porque realizamos o ciclo.

Convite à transformação

Estamos constantemente em movimento, abrindo novos e encerrando velhos processos. E que todos esses fechamentos, de bons ou maus momentos, não venham acompanhados de lamentações ou reclamações, mas de um conhecimento consolidado, capaz de nos fazer crescer e de substituir ciclos viciosos por ciclos virtuosos.

Por isso convido o leitor a um último exercício, para fixar todo o aprendizado e valorizar a experiência desse livro. Resgate os cinco aprendizados mais relevantes ou que lhe foram mais recorrentes durante a leitura. Resgate também as cinco gratidões e os cinco objetivos que lhe foram mais importantes e faça nova reflexão sobre cada um deles. Tenha-os em mente e mantenha-se familiarizado com esses 15 tópicos.

Por fim, escolha uma das perguntas do Chris. Aquela que lhe tenha sido mais marcante. Com isso você vai poder fazer a comparação entre o lugar em que você estava antes do livro e o lugar onde você está agora. E poderá também responder: como está o seu nível de consciência ao final deste outono?

Lembre-se, se algo foi e não voltou, reflita. Talvez você não tenha percebido, mas pode ser que você tenha encerrado um ciclo de aprendizado. E o que fazer nesse caso? Ora, celebre: sua libertação chegou!

É preciso ter aprendizado sempre. Quem não aprende repete o passado. Agora preciso executar meu último ato de desapego: parar de escrever.

Ouse mudar-se!

Eu amei cada instante desse livro, intensamente.

Muito obrigado,

Honro você, Leitor!

Anotações:

Inclua suas respostas no www.casacoaching.com.br